投資のプロはこうして先を読む

馬渕治

日経プレミアシリーズ

はじめに　情報収集と分析の世界へようこそ

筆者の本業は、株価や金利、為替相場など、証券・金融市場という範囲の様々な市況の先行きを予測して見通し数値を作成し、それが外れる、という仕事だ（「外れんのかい!!」というツッコミが入ると思うが）。

本編で述べるように、そうした市況の先行きを分析する手法は様々あるが、筆者の場合は、経済や企業収益、政治情勢などの実態の動きを元に予想している。したがって、経済などに関する情報を収集し分析して、その結果を提供している。つまり、情報を収集するし、発信もしているという、二つの立場を同時に業務としているわけだ。

そうした立場から世間にあふれかえる様々な情報を見ていると、かなり危うい論説も多いように感じる。そうした危うい論説や分析「のようなもの」がなぜ世の中に多いのかを考えることは、そうした「情報とも言い難いもの」から、自分の身を守るのに役立つと考える。

また、筆者自身が、どのように元となる情報を収集して選別し、具体的な市場分析にどう当てはめていくかを本書で解説することは、多くの方に参考になるのではないか、とも思う。

ただ、これは、筆者が主張するとおりにそのままやればよい、ということではまったくなく、筆者のやり方は一つの手法に過ぎないと考えていただきたい。本書でも頻繁に述べるように、それぞれの人に必要な情報や分析は異なる。筆者の分析手法を踏み台として、各自にとって適切なやり方を構築していただければ幸いだ。

こうした観点から、本書の構成は次のようになっている。

本書の読者の多くが投資家であることを想定しているため、まず第1章では、投資や資産運用について主要な論点を挙げる。投資情報はそれだけで良し悪しが論じられるわけではなく、どういった投資の枠組みを考えるかという前提があって、それで初めて自分自身に適した情報や分析手法かどうかが判断できるからだ。何となく漫然と投資を行えば、自分に必要な情報も漠然としかわからない。

続いて第2章以降は、具体的な分析手法について述べる。第2章はマクロ経済（経済全般）について解説する。と言っても、経済分析を詳細に語るわけではない。あくまでも、マクロ経済に関する情報をどこから得てどう活用するか、という面に絞る。エコノミスト（経済分析の専門家）になりたい人には別の書籍をおすすめする。この第2章では、最近多く論じられている、マクロ経済に関するいくつかの話題もご紹介する。また、「イベント中心主義」に対する批判も行いたい。

第3章は、為替相場の分析だ。為替相場はどういった要因で上下すると考えられるのか、から始まって、様々な要因を解説していく。ここで、「リスク回避のための円高」と呼ばれる現象についても可能な限り解き明かす。

第4章は、株価についての分析だ。ここでは、東証一部全体（TOPIXなどの株価指数）といった市場全般の動向から個別銘柄までを含む。投資尺度と呼ばれるいくつかの数値データとその活用法が中心となる。

こうして第2～第4章で具体的な分析を解説するわけだが、これらの分析は、大枠としてファンダメンタルズ分析と呼ばれるものだ。第5章では、ファンダメンタルズ分析の本質や弱点について述べる。また、テクニカル分析やクオンツ分析とはどういったものかを簡単に紹介し、最近話題になっているAI（人工知能）の市場分析や資産運用への援用についても、今筆者が感じていることをごく短く述べる。

第6章では、内外の機関投資家、特に外国人投資家について、その売買動向を示すデータも含めて論じたい。日本の株式市場においては、特に外国人投資家に対する注目度が高く、その理由も語るが、それだけに外国人投資家の実像と多くの人が抱いている印象の間には極めて大きなギャップがあるようにも思う。そうした誤解も解くことができればと願っている。

第7章は、投資情報全般をめぐる議論を展開する。市場見通しの結果だけを求めることや、心地よい意見ばかりを聞きたがることなどの危険性を述べる。また、よい情報と悪い情報を見分けるための三つの具体的な手段もご紹介したい。情報には有料のものと無料のものがあるが、単にどちらかがよくてどちらかが悪い、ということではなく、どう活用すればよいか、という点も重要だと考える。

こうした章立てとは別に、筆者にとって日頃より関心が高いテーマを、コラムとして書き加えている。それぞれのコラムは関連が深いと考える章の最後に置いているが、必ずしも一つの章だけとつながりがあるとは限らず、複数の章にわたったテーマもある。

なお、筆者は情報分析のプロであるため、かなりの量の情報をデータベース会社などにお金を支払って購入している。個人投資家でも、ある程度の料金を払って得られる有用な情報ソースは多々ある。ただ、本書では、誰でも無料で得られる情報源を多く紹介した。

また、本書全般を通じて、初心者の方にもわかりやすく述べたつもりだ。同時に、投資や情報分析についてある程度の経験がある方にも、新しい興味深い論点などを提示しようと努めている。その二つを同時に達成することはかなり難しいが、その点で及第点がいただけているかどうかは読者の方々の判断に任せたい。

本書は、投資情報について論じたものだ。それでも、株式や外貨建て資産などへの投資を考えている人たちだけではなく、広く一般に経済ニュースなどに触れている人たちにも有用だと考える。あるいは本書の「情報の収集と分析の物語」を、単なる楽しい読み物としてとらえていただいてもいいだろう。

情報収集と分析の世界へようこそ。このガイドツアーをどうぞご堪能ください。

2018年7月

依然として混沌とする世界情勢のなかで

馬渕治好

目次

第7章　情報を投資に活かす細くて険しい道

第　1　章

投資の定説を疑え

本書の本題は、情報の収集や分析にある。一口に「情報」と言っても様々なものがあるが、筆者は種々の市場動向の見通しを考えるうえで情報を取り扱っているため、本書では、いわゆる「投資情報」（株式、債券、為替、投資信託などに投資を行ううえで、参考になる情報）に限って述べる。ただし、本書の情報についての考え方は、投資情報以外の情報についても、当てはまる点が多いとは考える。

この第1章では、投資情報そのものについて論じる前に、投資や資産運用といったもの

つか挙げたい。というのは、どういった情報が

用なのか、ということは、それをどう使うのか、

用しようとしているのか、によるためだ。

みる

にすすめられるままに、あるいは、自分自身の

しまい、何が何だかわからなくなってしまった、

ファンド（個別銘柄を選んで投資する投資信託

ではなく、日経平均株価などの株価指数に連動するファンド）の手数料が安いと聞いたので、と買ったはよいが、ＴＯＰＩＸ（東証株価指数）連動ファンドに加えて、日経平均連動ファンドにも投資している、となると、ほとんど同じようなものを重ねている事態であり、「何をやっているのかわからない状態」だ。

そこで自分の投資先を整理する一つの考え方が、「コア」と「サテライト」に分ける、というものだ。

まず「コア」（核）とは、自分自身の最大の投資目的に沿った資産を指す。多くの個人投資家の場合は、老後の生活に必要な資金（必要最低限の額だけではなく、自分でやりたいことを実現するための資金を含む）を自分でまかなうため、公的年金とは別に、現役期間の勤労で得られた収入からの貯蓄の積み上げに加えて、長い目で余裕資金を運用して増やそう、ということが目的だろう。

その場合は、投資期間は長期であるため、多少の価格変動資産（株式など）を保有する一方、適切なリスク（価格のブレ）とリターン（投資収益）のバランスを取るため、いろいろな資産に分散して保有することになるだろう。また、長期的なコストを考えると、コストが低いインデックスファンドに投資することが有用だろう。

とすれば、投資にあてる資金のコアとしては、内外の株式や債券などに幅広く投資する低コストのファンドを検討することは一理ある。この場合は、途中であわてて売ったり買い増したりするのではなく、基本的にはずっとそのまま保有する（毎月積み立てて一定額を買っていくことは有用）ことがよいだろう。なお、長期投資、分散投資について、あるいは積み立て投資については、この後で簡単に述べるし、詳しくは良著が多いので、そちらに譲りたい。

ただ、述べたようなコアの考え方は一例に過ぎない。その人の目的が異なれば当然コアとして保有すべき資産は違うし、目的が同じでも手法は一つではない。

一方、「サテライト」（衛星）は、コアの周りにある少額の投資資産、という意味合いだ。コアがぐちゃぐちゃになってしまっては、本来の投資目的の達成が危うくなるが、コア以外に余裕資金があるのなら、別の目的を達成するために、ある程度異なる投資を行ってもよいと思う。

たとえば、投資収益があがるかどうかは別として、「社会貢献を行っている会社の株を個別に保有したい」「頭の体操として、短期売買をしてみたい」といった投資が悪いわけではない。ただ、保有資産のほとんどがそのような投資になってしまうのではなく、きちんとコアとサテライトを区別して考えたほうが、結局何のための投資しているのかわからない、という事態には陥りにくいということだ。

こうしてコア、サテライト、それぞれの投資目的を明確化し、どういった性質の資産に投資しているのか、それは自分の目的に合致しているのか、をきちんと把握すれば、必要な投資情報（および不必要な投資情報）の選別にも役に立つだろう。

長期分散投資は万能ではない

世の中には投資情報があふれている。それだけに、よほど誰も注目していないような新興国に投資するのでない限り、経済分析や市場見通しなど投資に関する情報について、量的に困ることはほとんどないだろう。

ところが、あまりにも情報が多いために、惑わされてしまい、あの雑誌で株価が暴騰すると書いてあったからあわてて飛びついて買い、今度はテレビで専門家が株価が急落しそうだと言ったから急いで売る、ということになって、結局バタバタしただけで少しも投資収益があがらない、という事態もよく聞くことだ。

そこで、下手に様々な情報に振り回されて短期的に売り買いするより、長期的にずっと金融資産を保有したほうがよい、という議論は一理ある。

また、株価や為替相場は、短期的には、突発的な出来事や、投資家の過度の楽観や悲観によって、上下に激しく振れることはある。それでも、この後で述べるように、市況は、おおむね経済や企業収益に沿った動きを見せる。長い目で見れば経済の方向性に応じて相場が進んでいくのであれば、長期的に金融資産を保有することで、短期的な上下動がならされる、という考え方もできる。

長期的に保有するだけではなく、投資する金融資産を様々なものに分散する、という考え方も重要だ。たいがいの投資家は、「ブーム」や「テーマ」にはまりがちだ。新興諸国が注目されていると言われ、そうした国々の株価や通貨相場が大きく上昇していれば、ついそうした国々に投資する商品ばかりを買いたくなる。ＡＩ（人工知能）だ、自動運転だ、といった、目先華やかな投資テーマに沿った「関連株」に投資したくなるのも、よくある話だ。

そうした目先の「流行」に短期的に賭けるのも悪いとは言わないが、長期投資という観点では、国々の経済の栄枯盛衰といったものはあるし、ある特定の資産価格ばかりがずっと上がり続ける、ということもまれだ。また、仮に価格が長期的に上がり続ける「スター」が存在したとしても、それを事前に見抜くことは難しい。

このため、ある特定の資産に賭けるより、いろいろな資産に分散して投資したほうが、当たり外れが小さくなる、ということは言えるだろう。とは言っても、分散の活用方法をはき違えている場合も多い。よく、「投資対象は日本株だけにしようと考えてはいるのですが、分散が大切だと聞いたので、個別銘柄を30以上保有しています」という話も聞く。しかしそうなると多額の投資資金が必要だし、結局、値動きが日経平均やTOPIXと似たようなものになってしまう。そうであれば、最初から株価指数に連動するインデックスファンドを持ったほうがよいだろう。

内外の様々な資産に投資する手法としては、日本、海外、株式、債券等々に最初から分散されているファンドを一つ買えばよいかもしれないし、日本対海外、株式対債券、といった配分比率を自分で決めたい場合は、それぞれの地域や資産に分かれたインデックスファンドなどを購入して、組み合わせてもよい。

このように、長期投資、分散投資は、有用であると考えるが、万能ではない。「長期分散投資さえしていれば、どうなってもほとんど損をしない」と考えている人も多いようだが、そんな保証はない。

たとえば、日本株を、1989年12月のバブルのピーク（日経平均株価が約3万8900円）から2009年3月（約7050円）まで保有していれば、この間はほぼ19年間という長期だが、大損だ（キヤノンや信越化学工業など、この期間に上がっていた個別銘柄がないわけではない）。

また、世界は様々な側面でグローバル化してきている。各国間の貿易が拡大し、ある国の経済状況が他の国の経済に影響を及ぼしやすい。加えて資金の流れも国境をまたぐようになっているため、ある国の株価や金利の変動が、他の国の市場を振り回しやすくなっている。この結果として、世界の株価が共振し、ほぼすべての国でいっせいに下落する、といった事態もしばしば目にするようになっている。端的な例は、2008年のリーマンショックだ。

したがって、長期投資をしても、分散投資をしても、損をしないという保証はなく、長期分散投資は万能ではない。それでも、様々な投資情報や目先の市場の上下動に惑わされ、短期的にドタバタと売買して、結局、高値で買って安値で売ったり、特定の資産にほとんどの資金を突っ込んで大損したり、といった、人間としてよくやってしまいがちな失敗を繰り返すより、長期分散投資が大いに「まし」だとは言えるだろう。

積み立て投資でも損はする

長期分散投資を進める一つの手法として、積み立て投資が有効だ、との声もよく聞く。たとえば月々、一定額を銀行口座などからの引き落としで、特定の商品を購入していくような形だ。もちろん、これだけが長期分散投資のやり方ではなく、手元にまとまった資金があれば、一度に買ってもよい。また、一定額の毎月の購入と、たとえばボーナス月などの追加購入、といった組み合わせでもよいだろう。

この、一定額を定期的に投資にあてるやり方を、「ドルコスト平均法」と呼ぶ。買いつける金額が一定なので、投資する金融商品が値上がりして高いときは、購入数量が少なくなり、逆に値下がりして安いときは購入数量が多くなる。つまり、高ければ少しだけ買い、安ければ多く買う、ということに自動的になるわけだ。

しかし、この手法も、決して損をしないというわけではない。値下がりし続ける金融商品に積み立てで投資し続ければ、明らかに損を被るからだ。ただ、投資家が自分で判断し、高いところでたっぷり買い、値下がりしたところで少し買う、どころか、安いところで大いに売ってしまう、という誤った判断をするよりは、ドルコスト平均法のほうが、やはりはるかに「まし」だということだ。

なお、資産運用の議論では、若年層を中心として、金融商品を少しずつ買い増していく、つまり、「資産形成」ばかりが注目されてきた。しかし老後の人生においては、積み上げた資産をどう取り崩して生活していくか、といった面も極めて重要だ（実際には、80歳になっても90歳になっても、「老後が心配だ」と金融資産を積み上げ続け、その結果「相続税が心配だ」と別の悩みに陥る高齢者も多いのであるが）。つまり、金融商品の買いだけではなく、売りについても、適切な手法があるのかどうか、議論すべきと言える。

ただ、この資産形成の逆については、これまであまり議論がなかった。それどころか、「資産形成」の逆を表す言葉も確立されていない。退職後の人生設計についての第一人者の一人である、フィデリティ退職・投資教育研究所所長の野尻哲史氏は、「資産活用」という呼び方がよいのではないか、と言っている。また、保有する資産から、一定額を取り崩していくのではなく、資産残高の一定比率を売却して現金化していく手法がよいのではないか、とも提言している。こうすれば、資産価格が上昇した際は多めに取り崩してもよいが、資産価格下落時は売却額を抑える、という調整が自動的に行われる。

今後、資産形成だけではなく、「資産活用」についても、議論が進んでいくものと期待している。

損切りルールは「まし」なだけ

さて、述べたような、長期投資、分散投資、毎月積み立て投資などの「肝」は、投資家が自分で、いつ買っていつ売ったらよいのか、何の資産を一番多く買ったほうがよいのか、などを判断しても、どうせ間違ってばかりなのだから、ずっと買ったまま保有するとか、どの種類の資産にも投資するとか、毎月定額を投資するとかの、機械的なルールの縛りに従ったほうが「まし」だ、というところにある。

そうした機械的なルールとしては、よく損切りのルールが議論される。たとえば、買い値から5%下落したら何も考えずに売ってしまう、といったようなものだ。これも、株価が下がったら、こんなはずではなかった、きっとこれから大きく上がるに決まっている、といった、起こりもしない希望を持って、いつまでも売らないうちに株価がどんどん下がっていく、という展開を避けるのには役に立つ。

そこでよく聞く質問は、「いったい何%を売却のメドとするのが有効なのか?」ということだ。その答えはない。5%をメドとすると、おもしろいように、5%ちょっと株価が下落して売却した後、株価が暴騰する。では今度は10%をメドに変えると、10%ちょっと下落してから暴騰する、ということが頻繁に起こる、という話はしばしば耳にする。損切ルールも万能ではなく、ただ、人間がその都度売り時を判断して間違っているより「まし」だということに過ぎない。

短期売買は絶対悪ではない

述べてきたように、「コア」として、老後などに備えた資産を蓄積しようというのであれば、長期分散投資を行うことが有用だろう。特に、毎月働いてある程度の給与が手に入るが、現時点で大きな額の現金が手元にない、という若い世代にとっては、毎月一定額を積み立てる、ドルコスト平均法が有利だと考える。

ただ、長期分散投資や毎月積み立てをすすめる人たちのなかには、短期売買がまるで「絶対悪」であるかのように語る人も多いと感じる。短期売買の天才だ、と自己陶酔するとか、「普通の人が○○で3億円儲けました」という本を読んで、自分でもできると思って短期売買する、ということは、やめたほうがよいと考えるが、短期売買のデメリットも承知で自己責任（自己責任の「本当の意味」については、この章の最後のコラムをお読みいただきたい）でやるのであれば、それが「悪」だということはない。

短期売買のデメリットは、①売買手数料などのコストが高くなりうる、②株式の信用取引、先物取引、FX（外国為替証拠金）取引など、少額で大きく儲ける可能性があるものは、逆に少額で大きな損失を被る可能性もある、③市場は地球全体では24時間動いているので、市況が気になって睡眠不足になったり、かなりのストレスがかかったりする、④他の投資家や専門家の言うことをうのみにせず、孤独に耐えて、自分で投資判断を何度も繰り返さざるをえない、といったような点だ（自分で何も考えず、専門家などが言うままに短期売買して、儲かりまくる、などとは一切夢見てはいけない）。

そうしたデメリットを完全に承知のうえで短期売買をするのであれば、サテライトはもちろんのこと、コアが短期売買一色になってもかまわない。ただし、人生で取り返しがつかないような損失を被っても、一切他人のせいにしてはいけない（筆者は性格が冷淡なので、短期売買を行って人生が破綻する人がいても、別にその人を救おうとは思わない）。

こうした投資家側からの視点だけではなく、市場機能という面から考えても、短期売買が存在することのメリットはある。たとえば、すべての投資家が長期投資家で、株式の売買を行うのが20年に1回だけだとしよう。すると、ある人が、生活上必要で、手元にある株式を売却して現金化しようとしても、その株式を買ってくれる人はしばらくいないかもしれない。売買高が多く、買いたいときに買え、売りたいときに売れる、という状況を、「流動性が高い」と言うが、短期投資家が盛んに売り買いすることは、市場に流動性を提供していると考えられる。

「適正価値」は測れるのか

長期的には、株価や金利、為替相場は、経済動向などに沿って推移すると考えられる。本書では、第3章では為替相場、第4章では株価が、具体的にどういった形で経済動向などによって動かされているのかを解説している。

こうした考え方に沿って市況の先行きを分析・予想していく手法を、ファンダメンタルズ分析（ファンダメンタルズは、「基礎」という意味で、経済実態の基礎的な状況、という意味合いとなる）と呼ぶ。ファンダメンタルズ分析の他にどのような分析手法があるのか、などについては第5章で述べる。

ただ、ここで簡単に紹介すると、ファンダメンタルズ分析の基本的な考え方は、経済実態や企業収益などから推し測ることのできる株価や為替などの「適正価値」が存在し、景気などの変動によって、その適正価値は変化していく、というものだ。そして市況は、長期的に

図表1-1　適正価値と市況の振れ

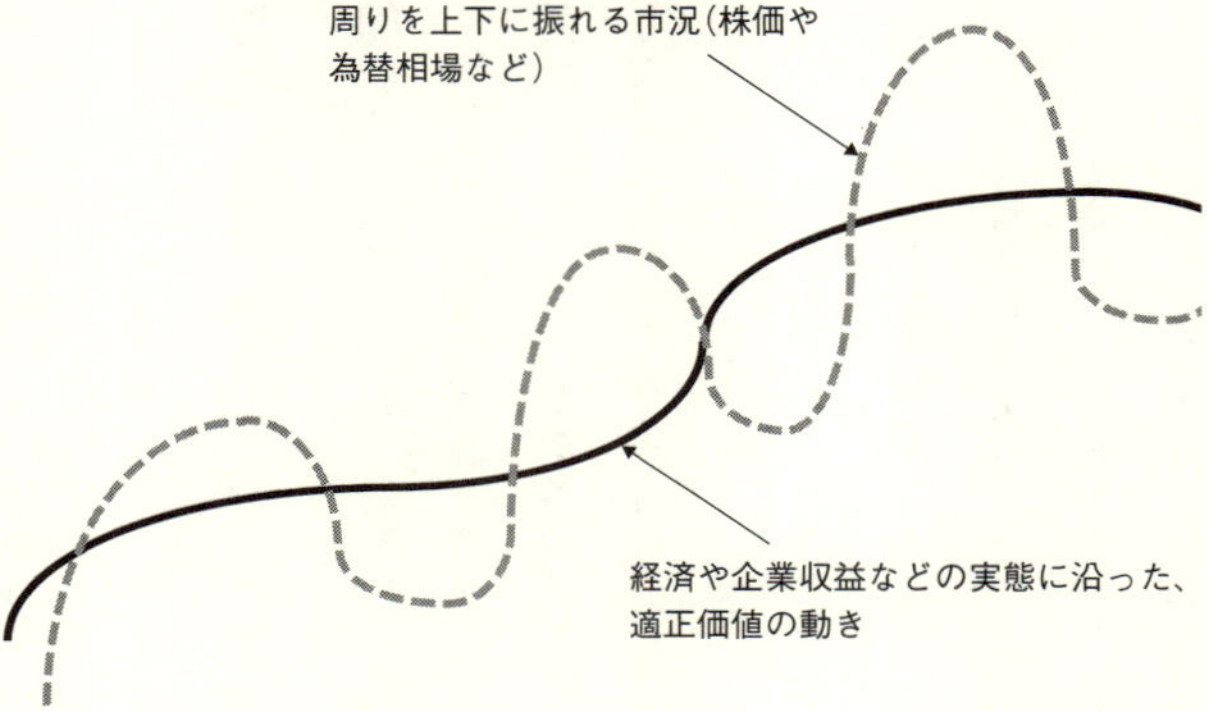
楽観や悲観などにより、適正価値の周りを上下に振れる市況（株価や為替相場など）

はゆっくり動いていく適正価値に沿って推移するが、短期的には投資家が楽観や悲観にとらわれるなどによって適正価値から上下に振れる、と解釈する。

ファンダメンタルズ分析では、その適正価値が何らかの分析手法でわかる、と考えているわけだ。具体的に、為替相場や株価の適正価値を探る手法は、それぞれの章で具体的に説明する。ただし、そうした手法で適正価値がわかる、と思い込んでいるのは、筆者の妄想かもしれない。

すると、どうすれば適正価値がわかるのか、あるいはわからないとしても、それに近づくことができるのだろうか。一つの考え方は、一人で分析しても適正価値はなかなかわからないので、二人、三人、……と、適正価値を考える人を増やして、その知恵を集める、というやり方だ。

とは言っても、たとえばどこかの駅前で、「トヨタの株価はどのくらいが適正だと思いますか。アンケートに答えてください。なお、アンケートに答えたことの見返りはありません」として回答を集計しようとしても、ろくなことにならないだろう。

そこで、「市場」という場を設けて、そこに適正価値についてのアンケートの回答を集めよう、という考え方が現れた。たとえばトヨタの株価が現在7000円だとして、「トヨタの株価の適正価値は、7000円より高いと思いますか。そう思う人は、トヨタの株式を買う、という形で投票してください」という場が市場だ。

その回答が的中すれば、買った株式が値上がりする、という形でごほうびがもらえる。逆に外れれば、損失という罰を受ける。トヨタの株価の適正価値が、7000円より下だ、と考える人は、売りという回答を入れるわけだ。

残念ながら、と言ったらよいのか、人は、金銭的な損得がからんでくるとぐっと真剣になる。自分が株式の売りや買いで儲けるために、懸命に経済や企業の実態、これまでの値動きなど様々な情報を収集し、今の株価より適正価値は高いのか低いのかを考え、売買する。そうした様々な見解が市場に集まれば、市場が適正価値を発見するはずだ。それがまさに「神の見えざる手」と言える。

市場にこうした機能があるのなら、適正価値のアンケートの参加者は、多ければ多いほどよい。そのため、長期投資家だけではなく、短期投資家もたくさん売買してくれたほうが、市況は適正価値により速く正確に到達すると期待できる。この点でも、短期売買は、決して悪ではない。

とは言っても、市場機能は完璧ではない。極めて多くの人たちが、いっせいに楽観に振れたり、悲観に行きすぎたりすることは起こる（その極端な場合がバブルやパニック）。このため、市場価格は長期的には適正価値に戻るとしても、短期的には頻繁に適正価値から離れてしまう。

したがって、ファンダメンタルズ分析で、完璧でなかったとしても、ある程度の適正価値のメドを推し測り、それに対して短期的に市場が上や下に行きすぎている、と指摘することは、意味があると考えている。

コラム●「自己責任」の本当の意味

そもそも、人の人生は一人一人違う。今、どういう状況にあるのか、これからどういった生き方をしたいのかは、その人によって異なる。

経済的な面だけに絞っても、今の収入、将来の収入見通し、今の支出、先行きの支出の可能性（何にいくらお金を使いたいのか）、現在の金融資産残高などは、一人一人で違っている。

とすれば、どのような投資がその人に合っているのかも、人によって違う。よく耳にする、「どんな人でもこの投資で大丈夫」というのは誤りだ。また、「この投資信託が一番売れています！」というものもよく目にするが、確かに多くの人にその投資信託が合っていたとしても、自分にとって適切かどうかはわからない。それどころか、たとえば現時点で巨額の現金を保有しているのであれば、自分の老後のため、という目的だけから考えると、投資など一切しなくてもいいかもしれない。

そして、どういう投資が自分にとって適切なのかは、自分しかわからない。というのは、どういう人生を送りたいのかは、自分が自身の価値判断に基づいて決めることだからだ。

もちろん、いろいろなアドバイスをくれる人はいる。投資そのものだけではなく、家計の設計（支出管理など）という点でも、他のプロフェッショナルのアドバイスが貴重なことも多い。ただ、そういった人々が、本当に真摯《しんし》に考えてくれたとしても、その人は自分ではない。

つらくても、厳しくても、自分でどういった人生を送りたいのか、その人生の一部としてどういった投資が必要なのか、そのためにどのような情報が必要なのかを、自分で判断する、ということを、たゆみなく続けることが肝要だ。そしてその結果は、良くも悪くも、自分だけが引き受けなければならない。それが「自己責任」ということだ。

それでは人生つらいばかりですね、と思われる方もいるかもしれない。しかし、自分で責任を取るからこそ、自由に生きることができるのだ。自分の判断で、自分が保有する資産の９割以上を短期売買に向けても、そのメリットもデメリットもきちんと承知しており、結果を自分だけで引き受け、他人のせいに一切しないのであれば、「短期売買は悪だ！」と他人から批判されるいわれはまったくない。

自分では何も考えず、他の人や、自分の勤務先の企業や、国などに、ずっと頼っていて人生安泰、ということはまったくない、と覚悟を決め、自己責任を全うする自由な人生を送ってほしい。

〈国に頼るな、というのは、年金が破綻する、などと言っているわけではなく、勤務先や国が提供する保障制度〈企業の休業補償や、国民健康保険などの高額療養費制度、公的年金など〉、あるいは投資に関する税制優遇制度〔ＮＩＳＡなど〕などは、よく調べておき、大いに活用すべきだ〉。

第　2　章

経済データの正しい使い方

この後、第3章で為替相場、第4章で株式市況について、具体的な予測手法を解説するが、その前に、マクロ経済（経済全般）について分析することが有用なのかどうかを述べたい。

筆者は、経済全般を見ていくことは、市況の先行きを考えるうえで大いに役に立つと考えているが、そうではない、という考え方にも別の角度から意味があると言える。こうした対立しているかのように思われる観点も、合わせて紹介していきたい。

また、本章の後半では、しばしば話題となるマクロ経済についての興味深いテーマについて、いくつか具体的に論じてみたい。

マクロ経済を見ることに意味はあるのか

経済全般を「マクロ経済」と呼ぶが、たとえば世界全体を見渡して、世界的な経済動向を見ていくことは、市況の先行きを考えるうえで意味があると考えている。

それぞれの産業、それぞれの企業で、もちろん明暗は分かれることがある。それでも、世界全体の経済が拡大していくなかでは、成長する産業が多くなるだろうし、逆に世界の景気が悪化していくときは、収益が減少する企業が多くなるだろう。

また、個別の国のマクロ経済を分析することも、意味があるだろう。グローバル化の進展で、物の流れ（貿易）やお金の流れ（投資や融資など）が国境をまたぎ、異なった国同士の景気動向が共振することが多くなってきてはいる。それでも、それぞれの国の経済が異なった動きをすることはまだ多い。

その背景には、まずそれぞれの国に政府や中央銀行が存在し、違った政策をとることが挙げられる。減税を行う国がある一方、公共支出を削減する国もあるかもしれない。国によって異なる法規制が、それぞれの国の産業や企業に違った影響を与えている。ユーロ圏に属する欧州の国々では、中央銀行を統一し、ＥＣＢ（欧州中央銀行）一つとしているが、それでも欧州大陸諸国の金融政策は、たとえば米国とは異なる向きに進むことがある。

また、それぞれの国で産業構造が異なり、農業のウエイトが高い国もあれば、輸出産業に依存している国もある。企業経営のやり方、広く言えば企業文化が違っている。さらにその背景としては、国民の行動様式や教育水準、社会的な志向（失敗を許す文化か、安定を重視する社会か、合意を目指すか、違うことを尊重するか、など）などなどの差異があるだろう。

こうした、世界経済の大きな動きのなかでのそれぞれの国のマクロ経済の動向が、各国の株式市況や金利を動かし、投資家が判断する2国間の比較感が為替相場を動かす、という考え方ができる。

トップダウンか、ボトムアップか、の違い

こうした世界全体あるいは各国別のマクロ経済動向を重視して投資判断を行う考え方を、「トップダウン」と呼ぶ。

特に大手の年金基金では、トップダウンによって運用計画を決めるところが多い。具体的には、極めて長期的な経済動向や市場動向を踏まえて、世界全体に投資する場合、どのくらい株式、債券、その他（現金や不動産、ヘッジファンド投資など）に資金を配分するかを、長期的に、たとえば10年、20年などの期間で決める。そして株式にいくら資金を投資するかを決めたあと、それぞれの国のマクロ経済に応じて、その国に何％を割り当てるかを決定していく、などの形だ。

もちろん、そうした超長期的な投資方針の決定とともに、たとえば四半期（3カ月）ご

と、1年ごとなどに、当面の世界や各国の経済見通しなどに応じて、配分比率の微調整を加えていく。

こうした考え方をとる投資家が多ければ、世界や各国の経済見通しに沿って多くの資金が動き、それが結果として各国の株価や金利、為替相場に影響を与える、ということも生じるだろう。

このようなトップダウンの考え方には異論もある。日本株で言えば、日経平均株価という株価指数が最初にあるわけではなく、日経平均の計算対象となっている個々の企業の株価がまずあって、その個々の株価から日経平均が算出されているわけだ。したがって、世界や日本の経済がどうなっているかではなく、一つ一つの会社の状況を調べていけば、個々の株価の先行きが推し測れ、日経平均がどうなるかを展望できる。そういう考え方にも大いに意味はあるだろう。こうした考え方を「ボトムアップ」と呼ぶ。

ボトムアップのほうがトップダウンより優れている、と考えられる背景は他にもある。まず、前述のように、グローバル化によって、それぞれの国の経済状況がお互いに強く影響するようになってきている。したがって、日本経済はどう、それに対して欧州経済はどうか、と考える意味合いが薄れてきているとの主張がある。

加えて、企業自体がグローバル化している。たとえばトヨタは、日本だけで自動車を販売しているわけではない。このため、日本経済の動向とトヨタの収益には乖離が生じるかもしれない。トヨタ1社だけでは、日本の株式市況全体に与える影響は小さいだろうが、グローバル化する企業が増えれば増えるほど、日本株全体の動きと日本経済の動きは違ってくることがありうるだろう。とすれば、日本経済の状況に応じて日本株への資金配分を決める、というトップダウンのやり方は、有効ではないかもしれない。

こうしたボトムアップの考え方を中心として、資金を運用する企業もある。たとえば自社に自動車業界を分析するアナリストやファンドマネージャーがいるが、ホンダも、GMも、ダイムラー（ベンツ）も、同じ人が担当している、という役割分担だ。それぞれの国のマクロ経済ではなく、自動車産業全体の動きや、そのなかでの個々の企業の動向を注視して資金を運用しているわけだ。

筆者はトップダウンを基本にして市場分析を行っているが、それでも両方の視点を持つことが必要なのだろう。

世界経済のデータはここから取る

世界全体の経済データとしてよく用いられるのは、ＩＭＦ（International Monetary Fund、国際通貨基金）のものだ。ＩＭＦは、国際機関の一つで、世界経済や金融、為替相場の安定に資するため、必要な国に融資を行うなどしている。

ＩＭＦは、世界経済の実績データとＩＭＦによる予想データの両方を作成し、提供している。また、経済規模がとても小さい国も含めて、すべての国のデータを（可能な範囲で）作成している。そこから、世界合計、先進国合計、新興国合計などの数値も算出されている。日米欧や中国など、主要国の経済見通しは、一般の銀行や証券会社、経済調査機関などもそれぞれ独自のものを公表しているが、世界のすべての国をカバーするなどといった網羅的なことを行っているところはＩＭＦ以外に少ないので、多くがＩＭＦのデータを使っている。

ＩＭＦの経済見通し（World Economic Outlook）は、文章も含めたレポートとしては、

http://www.imf.org/en/publications/weo

から読むことができる。これは英文だが、一部は日本語訳されている。

http://www.imf.org/ja/Publications/weo

また、個々のデータのダウンロードは、

http://www.imf.org/external/ns/cs.aspx?id=28

から行える。このダウンロードサイトは英文だが、いくつかの項目を選択するだけでデータを入手できる。

ＩＭＦは、年に2回、4月と10月に、全面的に見通しを改定する。その際は、予想データは5年先まで（２０１８年4月時点では２０２３年まで）のすべての国のものが公表される。１月と7月にも部分改定はあるが、見通しが修正されるのは世界全体や先進国、新興国などの集計値と、日米欧や主要新興国など一部諸国の個別データにとどまり、予想も足元と翌年分（２０１８年1月時点では２０１９年まで）しか修正されない。前記のダウンロードサイトでも、収録されているのは、4月と10月の時点のデータだけとなっている。

総務省統計局が年に1回発行している、「世界の統計〇〇」（〇〇には年が入る。たとえば「世界の統計２０１８」）も大変有用な資料集だ。以前は刊行物（紙ベースの本）でしか入手できなかったが、今はサイトからｐｄｆファイルでもエクセルシートでもダウンロードできる（次のサイトの左にある「本書の内容」をクリックすると、詳しい内容を見ることが可能だ）。

http://www.stat.go.jp/data/sekai/index.html

経済のみならず、地理や気象等々の幅広いデータが収録されている。年１回の発行で、もともと刊行物であった経緯もあり、データがやや古い（「世界の統計２０１８」では、最新データが２０１６年時点）が、日本語で読める点も外国語が苦手な人にとっては助かる。

またもっと重要なのは、こうした世界の経済などのデータを自分で集めようとすると、それぞれの国からばらばらに公表されているものを探し出すのも大変だが、国によってデータの分類が異なったりすることだ。この「世界の統計」では、統計局がデータの定義などをある程度そろえてくれているので、信頼して各国間の比較を行うことができる。

２０００年から新興国が成長した本当の理由

さて、国内外のマクロ経済について、話題になっているテーマをいくつか取り上げてみよう。

図表2-1　世界の実質経済成長率見通し

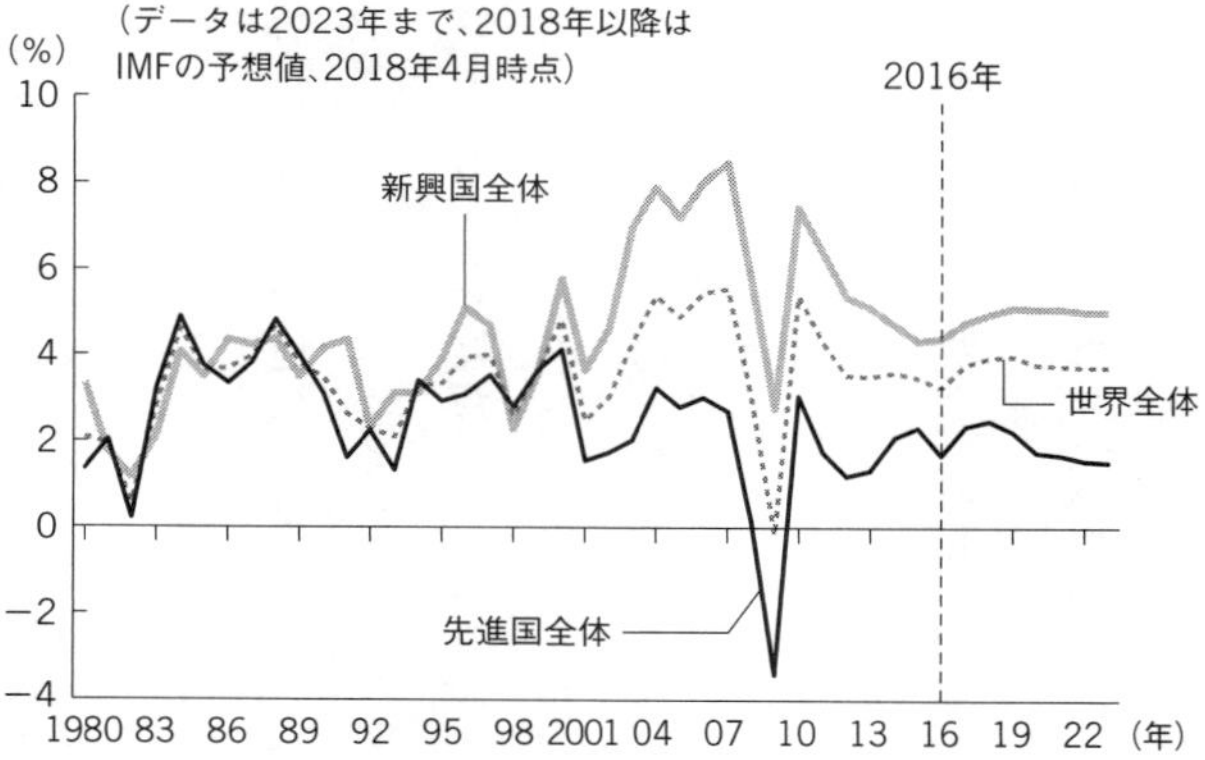

（出所）IMF "World Economic Outlook"（2018年4月）よりBdフルーレット作成

まず、世界全体の経済成長率を見てみよう（図表２－１）。これは実質経済成長率と呼ばれるもので、世界の経済活動の伸びを数量で測った（自動車を何台生産したか、など）ものだ。なお、この実質ＧＤＰの説明は厳密なものではないので、経済の教科書などをご参照されたい。

これを見ると、中央よりやや右寄りで、世界の経済成長率がマイナスに落ち込んだ（経済活動が前の年より縮小した）ところがある。これが２００９年で、２００８年秋の米国の金融機関リーマン・ブラザーズの破綻などに端を発した、「リーマンショック」の時期に相当する。ただし、リーマンショックの本質は、米国の住宅バブルの崩壊と住宅ローンに関連した金融商品がらみの混乱だった。

その後は世界経済の実質経済成長率はプラスを続けているものの、縦線で示した2016年は伸び悩みとなっていた。これは、中国経済の減速観測によって生じた年初来の世界株安に対する不安や、当時進んでいたエネルギー価格の下落がロシアやサウジアラビアなどの産油国に打撃となるとの懸念が生じ、世界の企業が先行きが不透明だとして設備投資を控えたことなどによる。加えて、同年6月のいわゆる「ブレクジット」（英国が国民投票でＥＵ離脱を決定）も不透明感を増した。

その後、緩やかな景気持ち直し基調が見込まれている。

ここで、新興国全体と先進国全体の経済成長率の差を見てみよう（図表2－2）。

新興国と言えば高成長、というイメージが今は強いが、2000年辺りまでは、実はこのグラフはプラスマイナスゼロを出たり入ったりだった。つまり、新興国と先進国の経済成長を比べると、傾向的にはほとんど差がなかった、ということだ。

ところが21世紀に入ると、新興国がぐんと成長をリードするようになった。新興国の高い

図表2-2　新興国と先進国の経済成長格差

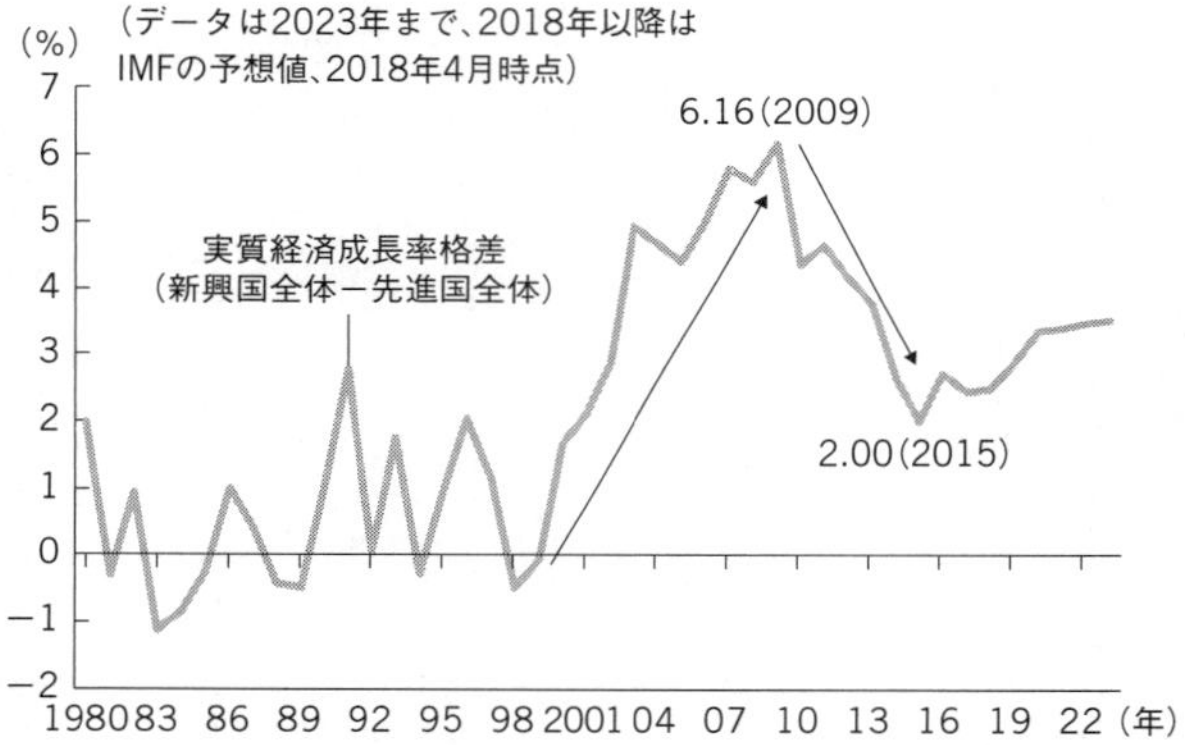

（出所）IMF "World Economic Outlook"（2018年4月）よりBdフルーレット作成

経済成長の背景として、しばしば人口要因が語られる。確かに新興諸国のほうが人口の増加率が高く、人が増えれば物を作る人も買う人も増えるので、経済成長をもたらしやすいとは言える。しかし、新興国で人口が増えているのはずっと以前からのことなので、21世紀に入っての経済成長の説明としては、完全には当てはまっていない。

これを説明できる要因は、1980年代終わりころから始まった冷戦の終結が遅れて効果を表したことだ、と考えている。冷戦前は、ロシアや中国を含む旧東側と西側の間で、人、モノ、金の移動が自由ではなかった。たとえば貿易に関しては、先端的な技術品、パソコンや性能のよい工作機械について、武器製造に使われる恐れがあるという理由から、ココム（COCOM、Coordinating Committee for Multilateral Export Controls、対共産圏輸出統制委員会）の規定によって旧東側諸国には輸出できなかった。

ところが1989年11月のベルリンの壁崩壊、1991年12月のソビエト連邦の終焉などを象徴的な出来事として、冷戦が終結した。このため、たとえば中国が有望だ（生産拠点としても、何らかのモノやサービスを販売する場所としても）と日米欧の企業などが考えれば、企業が中国に進出し、従業員を派遣して駐在させ、工場などで必要な生産設備や部品などを中国に輸出し、投資資金を流し込むことができるようになった。また、中国など旧共産圏で製造した物品は自由に先進国に輸出できることとなり、新興国の経済成長につながった。

加えて、IT（Information Technology、情報技術）の進展も、新興国の経済成長の追い風となっている。先進国のどこかで新しい有望な製品やサービス、技術が開発された、という情報は、あっという間に新興国にも伝わる。加えて、新興国で安くよい製品を作ることができれば、ネットで世界のあちこちに売ることができる。

インドは、英語を話すことができて数理系の業務に強い人が多いが、プログラムの開発は、電子メール等でいろいろな国から受注することができるし、完成したプログラムもネットで送ることが可能だ。通信コストが低下したことで、米国企業のコールセンターをインドに設置して低賃金のメリットを活かすことができるようになり、その結果インドに賃金が落ちる。

また、社会インフラ面でも、携帯電話の登場により、中国やインドの僻地でも一気に電話が普及した。加えて最近のスマホは音声認識機能が充実しており、非識字者でも容易に扱うことができる。こうしたスマホの普及が、非現金決済を後押しし、フィンテック（金融のIT化）は、むしろ新興国のほうが爆発的に進む下地があるようにも思われる。

電話、通信のみならず、電力も、太陽光発電や風力発電、小水力発電などの発達で、僻地まで送電線を引かなくても現地で電力をまかなうことが可能になりつつある。太陽光発電の電力を家庭で使うと、その分の電力料金をスマホで決済できる、といったようなシステムも登場した。

今後も長期的に、新興諸国の相対的な高成長は持続するだろう。

世界経済の振幅が小さくなっている五つの要因

世界全体の経済成長率の動きを見ると、2008年秋のリーマンショックを受けた2009年の経済の落ち込みやその翌年の反動増はあったが、近年は経済成長率自体の上下動が乏しくなっているように見える。これは成長率だけではなく、インフレ率も、特に先進国においては、極端なデフレではないが大幅なインフレにもならない、といった、いわゆる「ディスインフレーション」状態（インフレではない状態）にあるように考えられる。

このため、先進諸国では「回復感なき回復」、つまり経済データは一応増加を示しているため、景気回復が持続しているとは判断されるが、そこで暮らしている人々からすると、景気がよいのか悪いのか実感が乏しい、という状況となっている。

すなわち、景気がよくはなっても過熱しない状況ということだが、過熱しない分だけその反動も生じにくく、回復感なき回復がずるずると長く続くことになっている。

たとえば日本では2012年11月から景気回復期に入っており、2018年6月時点では、67カ月もの景気回復期間となった。これは、景気回復期間の最長記録である2002年

1月から2008年2月の73カ月に次ぐものだ。米国では2009年6月からが景気回復期と判断されており、2018年6月時点で108カ月となっている。これも、最長記録である120カ月（1991年3月から2001年3月）に次ぐものだ。

こうした景気変動の小ささは、なぜ生じているのだろうか。かなり多くの要因が作用しているように思われる。いろいろと異論も多いだろうが、次のようなものが挙げられる。

①在庫管理技術や経営関連の情報分析などが進歩し、人が判断する際の見込み違い（売れると思って多く作りすぎてしまう、将来性の乏しい分野に巨額の投資を行う、など）が以前よりは少なくなっている。

②先進国を中心とした人口増加率の低下。中国でも少子高齢化が忍び寄りつつある。このため成長率が大きく高まりにくく、そのため反動による景気悪化も生じにくい。

③先進国ではすでに十分必要なモノは行きわたっており、買いたいモノが少なくなっている。加えて、日本では草食系男子と揶揄《やゆ》されるような大人しい世代が増え、たとえば自動車免許を取得しよう、という若い人も減っていると言われる。米国でもミレニアル世代と言われる層（おおむね1980～2000年生まれ）は、物欲が乏しく、持ち家志

向も低下しているという説がある。つまり、モノ消費よりコト消費を好むという世代だ。では、経済成長にとって全面的にマイナス要因だけかと言えば、モノを買う代わりにシェアリングエコノミー（カーシェア、シェアハウスなど）が拡大する下地だとは言える。こうした「つつましさ」が消費市場の爆発的な拡大を引き起こしにくくしている。同時に、ブームの反動も起こりにくい。

④徐々に「個」が優先される社会となり、万人がいっせいに買うような製品やサービスが少なくなる一方、単一のヒット商品の浮沈で経済全体が振り回されることにはならない傾向が強まっている。

⑤グローバル化で世界中での競争が厳しくなり、価格を上げにくくなってインフレになりづらい。

景気変動が小さいということは、生活水準がいきなり上下することが少なく、暮らしの先行きを見通しやすい、というメリットはある。しかしその一方で、以前も今も将来も同じような生活になりそうだ、という見解が広がって、閉塞感が広がりやすい。また、経済全体が大きく伸びないと、一山当てて一発逆転、という事態が難しく、格差が固定されやすい。こうした格差感、閉塞感が、政治面ではポピュリズム（大衆迎合主義）や排外主義（閉塞感や格差の根源を諸外国の政策や移民流入に求めるなど）を招いている。

日本は少子高齢化でお先真っ暗、なわけではない

こうした回復感なき回復や格差感、閉塞感は、日本でもある程度共通した現象のように思われる。加えて日本では、少子高齢化が経済面で暗い話題として語られる。

確かに全体論としては、少子高齢化の暗い面が多々挙げられる。それは、たとえば次のようなものだ。

①労働者の数が減るため、ある程度は生産技術の向上（省力化投資）でカバーできるとしても、日本で生産できる量が減る。ここでの生産とは、モノづくりだけではなく、サービスも含む。

②消費者の数が減るため、日本国内の市場が縮小する。特に世帯数の減少までもが始まっている（以前は、人口が減っても、単身者など少人数で暮らす人が多くなったため、世帯数は増えていた）。このため、家具や家電製品など、耐久消費財の販売に打撃が生じ

る。

③労働者の数が減って輸出向け製品の生産が頭打ちとなり、輸出額が減る。一方で、高齢者比率が高まる（高齢者の人口の減り方より、生産に携わる若い人の人口の減り方が大きい）ため、消費者が海外から購入する額（輸入額）は、輸出額ほどは減らない。このため貿易黒字が縮小する、あるいは貿易赤字に転落する、という事態になる。日本全体で見ると、海外から稼ぐ金額が減ることになる。

加えて、増えた高齢者の社会保障などを少数の若年層が支えるため、若い層の税や社会保険料の負担が増えてしまう、という点も指摘される。

これに対して、個別に次のような点を挙げる向きもある。

①労働者が減ってしまうことに対する対策として、女性（特に子育て期）、高齢者、外国人を活用することが考えられる。これにつれて、女性の労働を支援するための保育サービス、家事代行サービスや、高齢者向けのＩＴ教育サービス、外国人向けの日本語教育サービスなどが、拡大することが期待される。

②高齢者向け市場が拡大する。また、若年層向け市場は、総額としては人数減少から縮小

するが、一人当たり単価は上昇する可能性がある。というのは、少子化で一人っ子となり、その祖父母・両親が健康であれば、子ども一人にお金を使う人が6人いるからだ（いわゆる「シックスポケッツ」）。高級子ども服や育児用品、学習塾などで、個別には高収益をあげられる可能性がある（市場全体は縮むので、競争は厳しいだろうが）。

③給与所得、事業所得といった、フローの所得は経済の縮小で減少しても、過去の蓄積で得られた金融資産残高は、国全体としては積み上がっていく。このため、金融資産の運用益でフローの所得減を補おうという考えが広がり、資産運用に関するサービスが拡大する（筆者の仕事も順風満帆？？）。

ＡＩ（人工知能）の発達が労働力不足を補うとの観測もあり、超長期的に日本の少子高齢化がどのような影響を経済にもたらすかは見通しが難しい。それでも、お先真っ暗なことしかない、という予測が正しいかは疑問だと考えている。

「父ちゃんの立場指数」で景気を読む

ここで、少しお気軽な、しかしまじめな話題に変えよう。

筆者は、かつて「父ちゃんの立場指数」を開発した。過去の著作やマスコミへの投稿、出演などで大いに披露したので、「またか」とお感じの読者の方も多いかと思う。それでも、初めて遭遇した、という方もおられるという一縷《いちる》の望みを持って紹介してみたい。

全国百貨店の売上高のデータは、毎月、日本百貨店協会から公表されている。

http://www.depart.or.jp/common_department_store_sale/list

このデータには、地域別の売上高とともに、品目別の売上高も含まれている。そこで、

父ちゃんの立場指数　＝　紳士服等売上高前年比　－　婦人服等売上高前年比

で、父ちゃんの立場指数を求めている。図表２－３は、それと日経平均の動きを重ねたものだ。

なお、父ちゃんの立場指数は月々の振れが大きいので、それをならすため、図表２－３では3カ月の移動平均値を計算している。すると、両者のピーク（△印）とボトム（○印）のタイミングが似通っているように思われる。これは、父ちゃんの立場指数が景気の浮沈を示しているため、結果として株価動向との関連が深くなるからだと考えている。

では、なぜ、前記のような計算をした指数が景気動向を示すか、ということだが、おそら

図表2-3　父ちゃんの立場指数（3カ月移動平均ベース）と日経平均（月中平均）

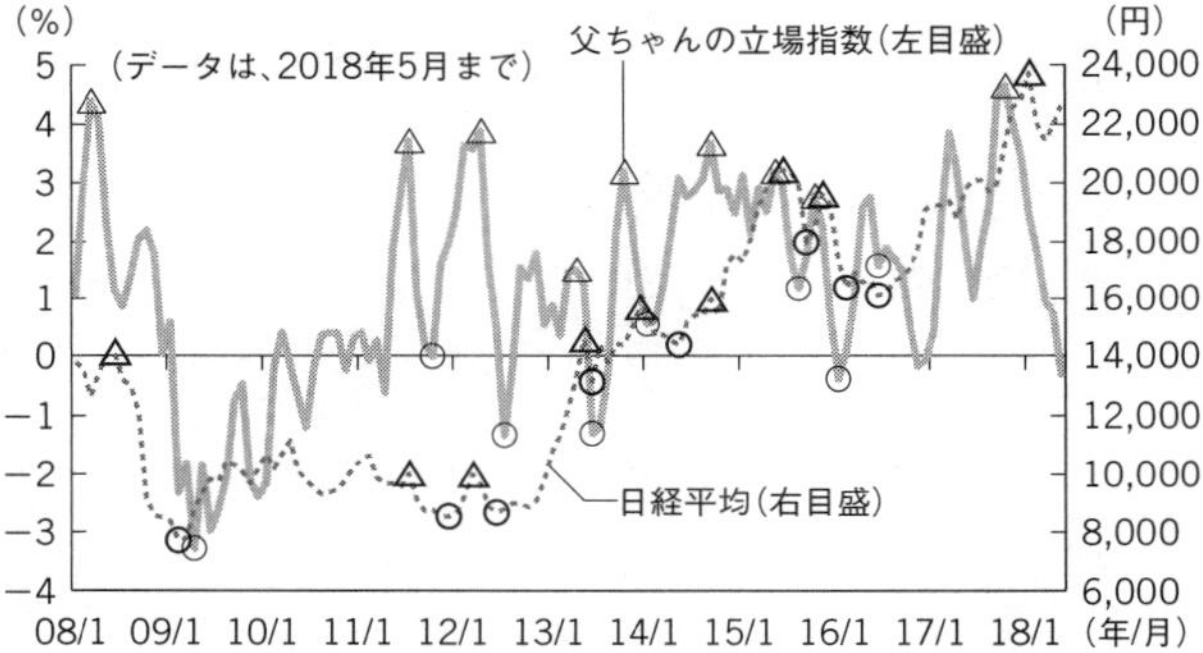

（出所）日本百貨店協会等よりBdフルーレット作成

く次のような理由なのだろう。

景気が悪化すると、夫婦で暮らしている世帯では、妻が夫に「あなた、最近稼ぎが悪いわね。もう少し節約してちょうだい」と語る（脅す？）ので、夫は素直に紳士服の購入を控える。ところが、妻は普段から婦人服の購入を抑えてもそれほど大幅には削らないため、紳士服の落ち込みのほうが大きく、父ちゃんの立場指数は低下する。

逆に景気が回復すると、妻から「最近稼ぎがいいから、少しくらい買ってもいいわよ」というお許しが出て、紳士服の購入が大きくリバウンドし、父ちゃんの立場指数が上昇する、ということらしい（以上は友人たちから聞く話で、筆者自身はまったく実感がない〈嘘〉)。

このように、父ちゃんの立場指数は、景気や株価動向を見るうえで極めて重要な指標だと考えてきた。ただ、残念ながら最近は、その有効性が失われつつあるように考えている。

前記の説明のとおりに紳士服や婦人服の購買動向が推移しているのであれば、2017年以降の父ちゃんの立場指数の回復基調において、紳士服も婦人服も景気拡大の流れのなかで売り上げが伸びているが、とりわけ紳士服が大きくリバウンドしている、という事態になっているはずだ。

ところが、紳士服と婦人服の売り上げ動向を個別に見ると、ほぼ伸び悩みの事態(前年比がプラスマイナスゼロ近辺)となっており、両者とも前年比マイナスという月も目立つ。つまり、紳士服の売り上げが大きく伸びているのではなく、婦人服の売り上げが(珍しく)落ち込み続けているために、父ちゃんの立場指数が上昇しているといった、過去にほとんどなかったパターンとなっている。

なぜ婦人服の落ち込みが大きくなっているのか。景気全般は日本では回復しているが、前記のような「回復感なき回復」で庶民としては節約意識が強く、とうとうご婦人まで服の購入を減らすような事態になっている、ということかもしれない。また、女性の百貨店離れが本格化し、いわゆるファストファッションなどに流れているということかもしれない。

父ちゃんの立場指数の有効性はともかく、こうした一つのデータだけでも、経済動向の様々な側面がうかがえるのである。

特に注目すべき調査データ

さて、経済についての様々なトピックを取り上げてきたが、これまで解説してきたようなデータ、たとえば実質経済成長率や百貨店売上高などは、現実の経済の動きを直接あるいは間接に測ったものだ。百貨店売上高は、個々の百貨店の実際の売上金額を百貨店協会が集計している。経済成長率は、実際の経済活動を直接測定して算出しているわけではないが、様々な経済統計から推計を行っている。

こうした現実の経済の動きを測定したデータをハードデータと呼ぶ。ハードデータの例としては、企業に対して調査票を配布し記入してもらう形で工場などでの生産量を測る鉱工業生産、家庭に日々の支出などを記入してもらうことで収入額や消費額を推計している家計調査などが挙げられる。

なお、ハードデータは、すべてを調べつくしているわけではない。すべてを調べた統計を「全数調査」と言い、国勢調査がそれに該当するが、たとえば前述の家計調査も、もちろんすべての世帯を網羅してはいない。家計調査の場合、細かい購入項目まで家計簿のように記入する必要があるため、そうした項目を本当にまじめに全部つけているのか、あるいはそうしたまめなことをやってくれる家庭だけしか回答していないのではないか、といった、統計の不備を怪しむ声はある。ハードデータも完璧ではないということを、頭に置いて見ていくべきだろう。

このように、実際どのくらいの生産、消費、投資などが行われているかを測ることはもちろん大事だが、「景気は気から」と言われるように、個々の消費者や企業経営者の景況感で経済活動が左右されることも事実だ。

あるいは、個人消費は、財布の中身と財布のヒモによって増減が決まる、とも考えられる。個々人の所得が増え金融資産の蓄積が増えれば、財布の中身は重くなり、お金を使うようになる。ところが、消費者の心理が悪化し節約志向が強まって財布のヒモが締まれば、財布の中身が重くなってもお金は使われなくなる。この点で、ハードデータで実際の雇用統計や所得統計などを見るだけではなく、心理面にも目を向けることが大切だ。

こうした景況感などの心理面を推し測るデータがソフトデータと呼ばれる。ソフトデータの例としては、消費者心理を示す消費者態度指数、企業の景況感や物価見通しなどを表す日銀短観（全国企業短期経済観測調査）などが挙げられる。こうしたデータは、家計や企業などに対するアンケート調査から計算されている。

特に注目されるソフトデータとして、「景気ウォッチャー調査」が挙げられる。

http://www5.cao.go.jp/keizai3/watcher/watcher_menu.html

「景気ウォッチャー」とは、景気を見ている人、という意味だが、経済活動の最前線にいる人たちを指す。具体的には、小売店や商店街の人々、ホテルなどのスタッフ、タクシーの運転手、スナックの経営者、求人情報誌の編集者などなど、多くの人たちだ。

この調査が役に立つのは、それぞれの人の景況感が景気ウォッチャー指数という数値データにまとめられている、という点もあるが、この統計の主管である内閣府が、個別のコメントも対象者に書いてもらって、その主要なものを公表していることにある。それを読むと、たとえばなぜ九州の家電量販店の人が景気がよいと考えているのか（高額の薄型テレビが売れている、など）、あるいはなぜ東北のスーパーの人が景気が悪化していると考えているのか（客数は多いが客単価が下がっている、など）といった、具体的な状況が推し測れる。

本来、筆者のような経済分析を業務としている者は、足まめにそれぞれの地域を回って取材すべきだが、一人で全部行うことは難しい。そこで、こうした景気ウォッチャー調査の結果に大いに助けられている。

なお、読者の方におかれては、一度は各官庁のホームページのなかで統計に関するところをのぞいてみることをおすすめする。いろいろとネット上で「探検」することは、楽しいものだ。

日本企業への包囲網は狭まっている

先に、経済動向分析や資産運用判断の考え方で、トップダウンとボトムアップについて述べた。

ＧＤＰ統計（一国の経済活動全体を測る統計）や日経平均が最初にぽんと存在するわけで

はなく、個々の消費者や企業の経済行動が一つの国の経済全体を形作るし、一つ一つの企業の実態がそれぞれの株価に反映されて、それが結果として日経平均を左右する、という考え方がボトムアップだ。

その考え方に立てば、個々の企業行動がよい方向に変わらなければ、経済も拡大しにくいし、株式市況も上がりにくい、ということになる。

筆者は海外投資家の動向も取材しているが、近年は、残念ながら、日本の企業経営に対する「苦言」を聞くことが多い。その最大のものは、企業が現金を抱え込んでいるが、そのお金を活用できていないのではないか、という意見だ。実際のところ、日本企業の総資産における現預金の比率は過去と比べて高い（図表2－4）。

こうした現金を、もっと賃上げや設備投資、企業買収に活用するか、そうした活用の道がないのなら、株主に配当増や自社株買い戻しで返すべきだ、という海外投資家の見解は強い。

また、海外投資家からの企業経営に対する苦言は、現金の活用だけではなく、経営判断が「内輪の論理」でなされているから種々の経営スキャンダルが発生するのではないか、などのさらに厳しい指摘も聞こえる。

図表2-4　企業の現預金比率（対総資産）
（全規模、金融保険以外の全産業）

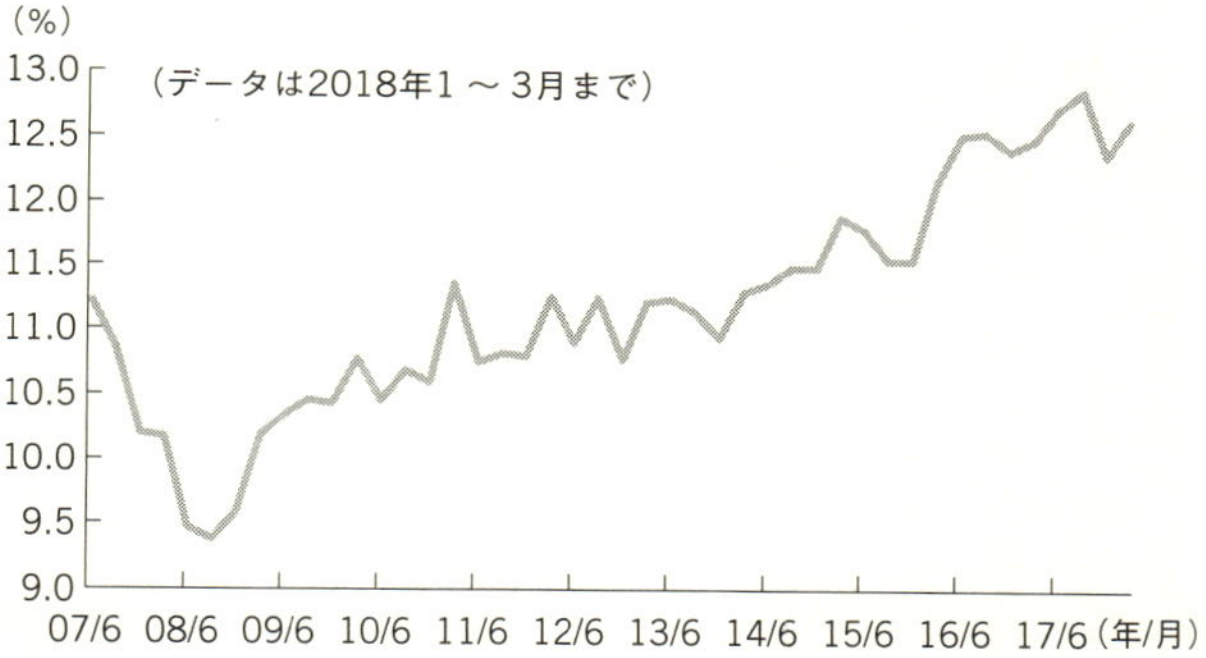

（出所）財務省「法人企業統計」よりBdフルーレット作成

こうした声はすでに政府も承知している。たとえば現金の活用については、政権がしきりに賃上げを図るべきだ、と述べている。

また、「日本型スチュワードシップ・コード」が２０１４年２月に導入された。スチュワードとは執事のことだ。つまり、投資信託などの資金を運用する機関投資家は、投資信託を購入する形でそうした運用機関にお金を預けた投資家（主人）のために真摯に行動すべきだ、という考えがスチュワードシップだ。

これは投資信託だけではなく、年金（主人）のお金を運用する機関投資家なども同様だ。こうしたスチュワードシップに沿って、機関投資家自身が行動規範を定めたものがスチュワードシップ・コードで、多くの主要な運用機関が採用している。

真摯な行動とは、よりよい運用のために全力を尽くす、ということを指す。したがって、預けてもらった資金で株式を購入して、その後「株価が上がってくれないかな〜」と手を合わせて祈っているのではなく、株価が上昇するように行動すべきだ、ということになる。具体的には、その会社の経営に問題があるため株価が上がらないのであれば、株主の代理人としてその会社の経営陣に提言する、株主総会における会社側の提案が不適切であれば反対する、などの行動だ。

大規模な機関投資家がこうした行動をとれば、おのずと企業経営に対する改革圧力となるだろう。

また、企業側に対して、株主との対話や経営の責務などを求めたものが「日本版コーポレートガバナンス・コード」と呼ばれるもので、2015年6月に導入された。コーポレートガバナンスは企業統治と訳される。ここでは、たとえば、社外取締役を設けて社外からの意見を聞いているか、など、やはり経営に関するルールが定められている。

こうした動き以外でも、たとえば経済産業省が、これまで大企業で多かった、相談役、顧問といった役職はきちんとした役割を果たしているのか、むしろそういう役職の人たちが経営陣の先輩として意見を述べるため、現経営陣が萎縮することにならないか、その結果、経営責任の所在が不明確になっていないか、などの疑念を投げかけた。それを受けて、企業の間で相談役や顧問を廃止する動きも生じている。

こうした種々の動きが、日本企業の経営改善につながり、それが外国人を含めた投資家に評価されてくることを大いに期待したいが、今後の動きを待たないといけないと感じる。また、なかなか経営改善が進まない、あるいは他国の企業に比べて改善が遅い、ということになれば、ボトムアップの投資家を中心に、日本株から他国の株式に資金を移す、という事態も否定できなくなる。

イベント中心主義の「罪」

すでに述べたように、マクロ経済指標を見ていくことは極めて重要だと考えている。ただ、一つだけのマクロ統計、たとえば米国の雇用統計の発表やイベント（米連銀や日銀など主要国の中央銀行が金融政策を決定する会合など）を騒ぎすぎるきらいがあるように感じる。

確かに米国の雇用統計も米連銀の金融政策も、中長期に米国経済の行方や米国の株価、金利、米ドル相場の動向を考えるうえで極めて重要だ。また、短期的に、雇用統計の発表前後で米ドル相場が大きく動くことがあるのも事実だ。

さらに、「米雇用統計イベント」と称して、大きな会場に皆で集まって、雇用統計の発表前から発表後にかけて市場の動きを大勢でながめながら盛り上がるのも、一つの「お祭り」としては決して悪くはない。

しかしそればかり騒ぐと、他の重要かもしれない要素から目がそれてしまう。株価や為替相場は、一つの要因だけで動いているわけではなく、多くの材料から形成される。一つのイベントばかりを注目することで、本来もっと重要なものを見落としてしまうのであれば危ういことだ。

こうした「イベント中心主義」は、なぜはびこっているのだろうか。

まず、イベントを騒ぐ専門家が多い。イベントの前は「イベントを前にして、市場では様子見が広がっています」、イベントの結果が出て、たとえば景気の強さを示す内容であったため株価が上昇すれば「株価は強い内容を素直に評価しました」、想定外に弱い内容なら「予想外に弱い結果で市場は失望しました」、強い結果なのに株価や為替相場が反応しなければ「市場は織り込みずみ（すでにそうした数値が出ることはみな予想していた）でした」と語れば、一応、市場動向に対する分析「らしく」聞こえる。たった数種類の決まり文句で述べればよいとても簡単なお仕事、というわけだ。

しかも、米雇用統計にしろ、中央銀行の会合にしろ、ＳＱ（株価指数先物やオプションの決済価格が決定される日）にしろ、これからも定期的にずっとある。いつまでたっても、イベント中心主義の専門家にとって「飯のタネ」が尽きないことになる。

そうしたイベントばかり騒いでいる専門家は、他のもっと重要な要素を分析し、きちんとした市場見通しを提示する実力がない、と誤解されても仕方がないだろう。

では、どうやってそうした専門家を排除すればよいのか。

私の尊敬するある専門家は、「イベントばかり騒ぐことを法律で禁止すればよい」という冗談をおっしゃっていたが、それはもちろん非現実的だ。私は、ぜひ投資家の皆様に、イベント中心主義の専門家を追放していただきたいと願っている。

投資家や書籍・マスコミの読者・視聴者にはそれだけの力があるはずだ。イベントばかり騒いで中身がない専門家がテレビに登場したら消す、そうした専門家が書いた雑誌やネットの記事は読まない、そうした専門家が講師をつとめるセミナーに行かない、ということを投資家たちが徹底すれば、怪しい専門家は駆逐されるはずだ。

ところが現実は、逆の傾向が強いと感じられる。今度は米雇用統計だ、次は日銀の金融政策決定会合だ、という騒ぎに喜々として踊らされ、バタバタと短期的に株式や為替を売買して、結局、自分は何をしていたのだろう、という反省すらもない投資家が、悲しいことに大変多いようだ。こうした投資家側の問題も、イベント中心主義をはびこらせている大きな要因だと感じる。

筆者は、投資や経済分析に関する業界に悪いところがある場合、決して専門家だけ、金融機関や証券会社だけ、資産運用会社だけが悪いわけではなく、投資家や一般の方にも悪いところがあると考えている。そうした観点は、この本のあちこちににじみ出ていると思うが、投資家が自分で勉強し自分自身の考えを確立して、おかしな専門家や会社を「おかしい」と言って排除していかないと、この業界は決してよくならない。

「自分は、か弱い投資家なのだから、何も勉強しなくても、ずっとボーッとしていても、当局や規制が自分を守ってくれるはずだ」という考えは捨てたほうがよい。誤解を避けるために言うが、決して投資家だけが悪いと主張するつもりもない。

第　3　章

為替相場の深いところ

では、この章から、具体的に市場動向を分析するうえでどのような考え方や手法によるのか、という点に話を進めていこう。

そうした分析対象となる「市場」には、債券市場（金利）や商品市場（原油や金など）もあるが、この本では、為替相場と株式市場について解説してみたい。まず、為替市場の分析を先に述べよう。

為替相場はそもそもなぜ動くのか

為替相場は、いったいどういった要因で変動するのだろうか。それがある程度わかれば、「この要因がこうなるから、結果として為替相場にこちら向きの力が働くだろう」と、市場動向の先読みができるだろう。

為替相場（厳密には、外国為替相場）は、二つの通貨の交換レートだ。つまり、二つの通貨の価値の相対比較から為替相場が決まると考えられる。ということは、通貨にはどのような役割があるのか、それぞれの役割が通貨価値の相対比較にどう影響しているのかを考えればよいだろう。

通常、通貨の役割には、以下の①〜③が考えられる。

①通貨は、国内でモノを買うことに使われる。日本であれば、円を売り手に渡して、モノを得る。売り手から見れば、モノを渡して通貨を得ることになる。そのモノとは、物品だけではなく、サービスの場合もある。この、通貨とモノの交換レートが物価である。

②通貨は、他の国からモノを買う、あるいは他の国にモノを売るときにも使われる。この場合のモノも、サービスを含む。サービスを他の国から買う、というのはピンと来ないかもしれないが、たとえば日本人が米国に旅行して現地でホテル代を払えば、それは米国から宿泊のサービスを買っているわけだ。

こうした海外とのモノの売買は、輸出、輸入に相当する（海外からの観光客が日本でお金を使うという「インバウンド消費」も、GDP統計上は日本からの輸出である）。こうした輸出入には、相手先の通貨で価格を定める外貨建てと、日本円で価格を定める円建てがある。たとえば、ドイツやフランスに日本から自動車を輸出する際に、価格を5万ユーロと定めるのが外貨建て、650万円と定めるのが円建てだ。

外貨建てであれば、自動車の買い手（たとえば現地の輸入業者）は手元の5万ユーロを支払えばよい。それを日本の輸出企業が日本国内で使いたいのであれば、そのユーロを売って円に換えて使うことになる。円建ての場合は、自動車の買い手がユーロを売って円に換えて、650万円分の円を支払いに用意する必要がある。つまり、誰かがユーロ売り・円買いを行うこととなる。

③通貨は、他の国との間で、モノを売ったり買ったりする場合だけではなく、投資や融資を行うときにも使われる。

投資には、まず直接投資がある。これは、海外で事業を行うことを意図した投資だ。たとえば、現地の企業を買収する（そしてその企業による事業を続けて利益を得る）、現地の不動産を購入する（そしてその不動産を人に貸して賃料を得る）、現地に自分で工場を作る、などだ。

次に、直接投資ではない投資として、証券投資がある。これは、他国の株式や債券を購入することに当たる。

融資は、お金を海外に貸す場合に相当する。債券を発行者（社債を発行する企業や国債を発行する中央政府）から購入することとその発行者に資金を貸すことは、本質的には同じだが、前者は証券投資となり後者は融資となる。

こうした投融資でも、日本から他国に行う場合は、円を売って外貨に換える行為が発生する。他国が日本に投融資する場合は、逆に外貨売り円買いが生じる。

ビッグマックの値段で適正な水準を測る

では、前述の①～③の通貨の役割から、為替相場をどう分析していくか、具体的に考えてみよう。

まず①の、国内における通貨とモノの交換の場合だ。このときは、通貨とモノの交換レートが物価になる、と述べた。

そこで、二つの異なる国、たとえば日本と米国の間で物価水準がまったく違うとしよう。ここで、今の米ドル対円の相場が１ドル１００円だとする。さらに、日本で３０００円のＴシャツとまったく同じものが、米国で20ドルで売られているとしよう。すると、日本に住んでいる人にとっては、日本国内でＴシャツを買うと３０００円、米国から買えば２０００円になる。米国から見れば、日本から買うと30ドル、米国で買えば20ドルだ。当然、日本から

Tシャツを買おうという人はいなくなり、みな米国産を買うだろう。

ここで、米国と日本との間でTシャツの関税はなく、輸送コストもゼロだとしよう。非現実的な仮定だが、経済学はしばしば現実とは異なる仮定を置く。まあ、細かいことは置いておいて原理原則をまず理解しよう、というものが経済学だとあきらめてほしい。

すると、次の三つのことのどれか、あるいは三つすべてが起こるはずだ。

- 日本のTシャツが売れなくなるので、値下がりする（3000円から値段が下がる）。
- 米国のTシャツが飛ぶように売れるので、値上がりする（20ドルから値段が上がる）。
- 日本の人たちが米国からTシャツを輸入する。このとき、手元の円を売って米ドルを買って米ドルで支払うので、円が売られて安くなる（米ドルが買いにより高くなる）。

つまり、円安ドル高になる。

このため、米ドル円相場は1ドル100円のまま変わらないが、日本のTシャツが2500円、米国のTシャツが25ドルになって、両国の物価が同じになるかもしれない。もしくは、日本では3000円のまま、米国では20ドルのままだが、日本での輸入増から、1ドル150円までの円安・米ドル高になるかもしれない。あるいは、その両方が少しずつ進むかもしれない。

いずれにせよ、日米のTシャツの値段が同じになれば、そこで日本での値下がり、米国での値上がり、為替相場の円安・米ドル高は止まるはずだ。

つまり、為替相場は、二つの国の物価水準が同じになるようなところが適正水準だ、という考え方が生まれた。この物価水準が同じになる適正水準を「購買力平価」と呼ぶ。

述べたように、モノがTシャツ一つであれば、購買力平価の計算は簡単だ。しかし、実際にはたくさんの物やサービスがある。こうした物やサービスの価格を広く集めて一種の平均を求めたものが物価指数だ。したがって、実際の購買力平価は物価指数を用いて計算することになる。

なお、余談になるが、英国の経済誌である「Economist」は、マクドナルドのビッグマックの値段だけを使って、前述のTシャツのように、購買力平価を計算して公表している。

https://www.economist.com/news/2018/07/11/the-big-mac-index

もちろん、ビッグマックの値段だけで通貨相場を考えることが妥当かと言えばそうではない。「Economist」自身も上記サイトで、ビッグマック平価を計算している目的は、購買力平価などの理論をよく理解してもらうことだ、と述べている。

購買力平価で相場の行方がざっくり見える

では、具体的に米ドル対円相場について、筆者が算出した購買力平価と実際の円相場を比べてみよう。図表3－1は、両者を一つのグラフで重ねたものだ。

実際の円相場（グラフは上のほうが数値が大きいので、線が上に行くほど米ドル高・円安）と3本のほぼ並行的な線が重なっている。この3本の線の真ん中の線が、筆者が算出した購買力平価だ。

「筆者が算出した」と断っているのは、どの物価指数を使って計算するか、などの前提によって、購買力平価の数値は違ってくるからだ。つまり、万人が万人、「購買力平価の数値はこれだ！」と同意するものはない。よくセミナーなどで、「馬渕さんの購買力平価と○○さんの購買力平価の数値が違うのですが、なぜですか？」というご質問をいただく。

筆者は自分の計算については説明できるが、○○さんの分はその人に直接聞いてください、としか答えようがない。

図表3-1 米ドル相場（対円）と購買力平価

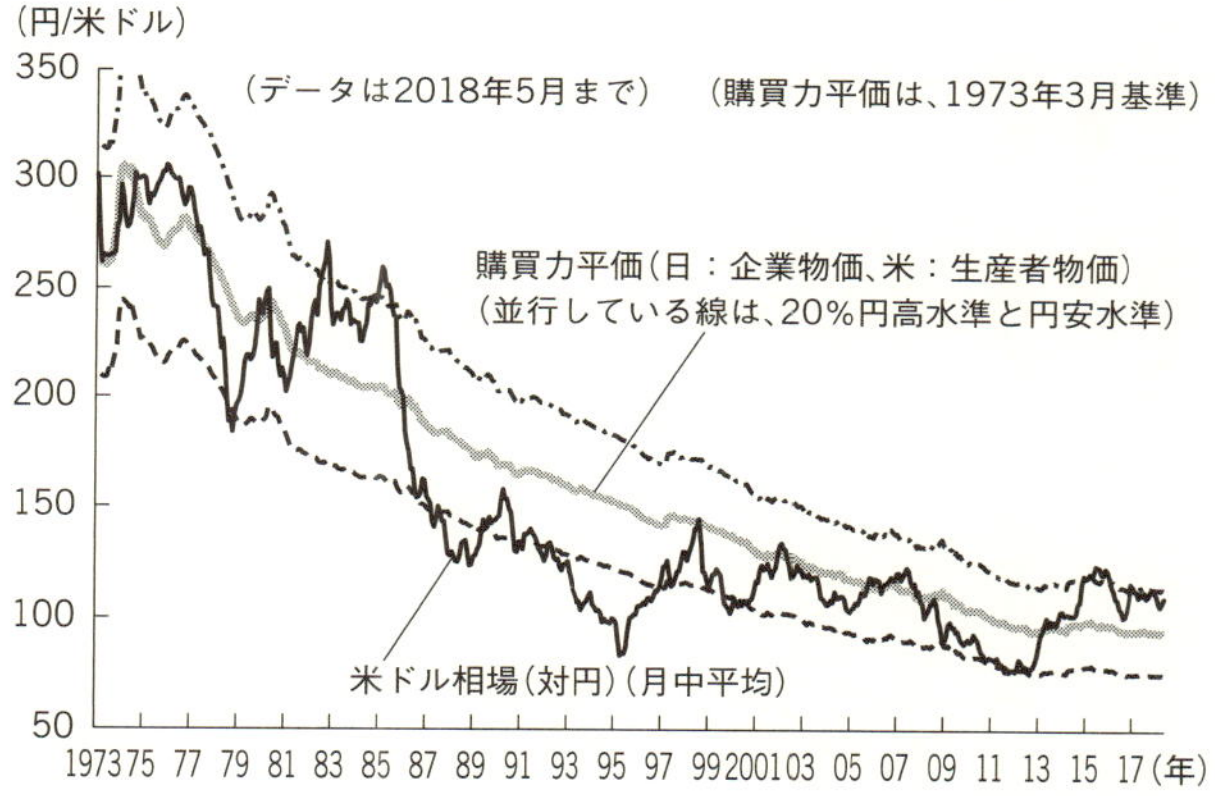

（出所）各種データよりBdフルーレット作成

それはともかく、購買力平価の上下を動いている線は、購買力平価より2割円安の線（上）と、2割円高の線（下）だ。相場というものはしばしば行きすぎるので、実際の円相場が2割上や下の線からはみ出したことはあったが、多くの期間は、上下二つの線の間で円相場が動いている。つまり、購買力平価と実際の円相場の当てはまりは、長期的には優れていると言えよう。

ただし、こうした見解は極めて長期的なものだ。2割上や2割下の線をはみ出したからといってすぐに線の内側に戻るわけでもない。つまり、明日や来週、あるいは来月、円相場がどうなるかを考えるには、購買力平価はほとんど役に立たない。

また、3本の線の間に実際の円相場があればそれなりに妥当だと言えるが、今の円相場が中央の線のあたりに位置する場合、そこから上に向かうのか下に向かうのかは、購買力平価だけからはまったくわからない。

とは言うものの、極めて長期的な観点から、現在の円相場がどのあたりに位置するかをざっくり考えるには意味があるだろう。特に、購買力平価から2割上の線（円安方向の線）と実際の円相場を比べてみると、上の線を超えることは何度かあったが、長い期間、大きく上の線を超えていたことはなかった。

過去になかったからといって、これからもないかどうかの保証はないが、2018年5月の物価指数から計算すると、購買力平価は94・34円、その2割上は113・20円だ。現在の円相場が、この113・20円を長い間超えていたり、大幅に超えたりする可能性は限定的だと考えられる。ちなみに、2割下（円高）の線の位置は75・47円だ。

貿易による為替売買量は全体の30分の1だけ

次に、通貨の②の側面、つまりモノの貿易（他国からモノを買う、他国にモノを売る）という面から、為替相場を考えてみよう。

以前は（とは言っても何十年も前は）、こうした貿易面から為替相場を考えることが主流だった。たとえば日本は、貿易黒字、つまり輸出が輸入より多いことが長い間通常だ。日本からの輸出の場合、前述のように、為替売買を行うのが日本の輸出業者か他国の輸入業者かは別として、誰かが外貨売り・円買いを進めることになる。

輸入の場合はこれと逆に、誰かが外貨買い・円売りを行うわけだが、日本では輸出のほうが多いということは、差し引きで外貨売り・円買いが続くことになる。このため、外貨は売りで安くなり、円は買い上げられて高くなる。したがって、「日本は貿易黒字だから円高になる」という主張が、かつては強くなされていた。

ところが、世界の貿易額の統計と世界の為替売買高の統計から推察すると、最近は、輸出入にともなう為替の売買量は、全売買量のほぼ30分の1となっている。つまり、貿易が為替相場に与える影響はかなり小さくなってしまっているわけだ。

残りの30分の29が何かと言えば、この後解説する前述の③、すなわち投融資にかかわる為替売買か、あるいは為替そのものの値上がりや値下がりで利益を得ようとする売買だろう、と推察されている。この背景には、モノの経済から金融の経済への世界的な大きなシフトがあるのだろう。

新興国通貨がときどき大きく下落するわけ

とは言っても、貿易と為替との関係がまったく死んでしまったわけではない。貿易収支（貿易黒字か赤字か）など、海外との資金のやり取りを表す統計を国際収支と呼ぶ。そのなかでは、経常収支というものがしばしば注目される。

経常収支とは、経常的に、つまり普段から日常的にやり取りされる国境を越えた資金収支、という意味合いだ。その経常収支は、下記の項目の合計で計算される。

- （物の）貿易収支（物の輸出－物の輸入）
- サービス収支（サービスの貿易収支。たとえば、他国への輸送の運賃を海外企業に支払

図表3-2　主要国の経常収支の対名目GDP比率（2017年）

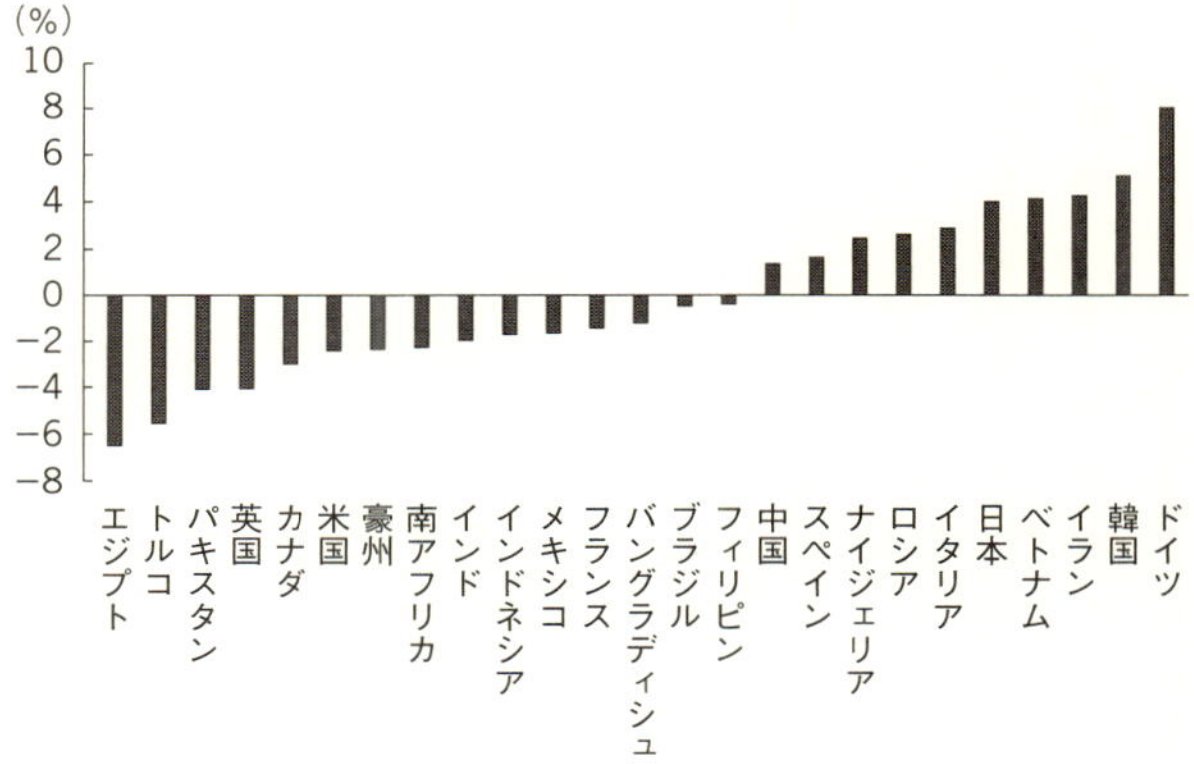

（出所）IMF "World Economic Outlook"（2018年4月）よりBdフルーレット作成

う、著作料を海外から受け取る、海外観光客が自国でホテル代を支払う、など）

- 所得収支（国境を越えた賃金、株式の配当、融資・債券の金利の受け払いなど）
- 経常移転収支（寄付、資金協力など）

こうした経常収支は、○○億ドルといったように金額で測られる。ただ、その金額そのものより、経常収支が一国の経済規模を示す名目GDPの何％を占めるか、といった比率が注目されることのほうが多い。

この比率を主要国について見ると（図表3－2）、日本、中国、韓国、ドイツなどのように、輸出でお金を稼いでいる国は、貿易黒字により経常収支比率がプラスだ。

それに対して、トルコや南アフリカなどは、経常収支比率が大きめのマイナスとなっている。つまりこれらの国々からは、普段は（経常的に）資金が流れ出していることになる。ということは、たとえば、トルコリラを売ってドルやユーロを買い、米国や欧州に資金が移動しているわけだ。このため、経常収支の赤字が大きい国の通貨は、「他に何もなければ」売りが続くため、為替相場が下落し続けることになる。

しかし実際には、トルコリラや南アフリカランドといった経常赤字国の通貨がまったく休みなく下がり続けてきたわけではなく、過去には上昇する局面もあった。ということは、「他に何かある」と考えられる。その「他の何か」とは、経常収支の枠外の、国内への資金流入だ。

具体的には、③で述べた直接投資、証券投資といった投資や融資だ。トルコへの企業進出、トルコの不動産購入、トルコの株式や債券の購入、トルコの企業などへの融資などの金額が経常収支赤字を埋め合わせれば、トルコリラは下落することにはならない。ましてや、そうした資金流入が経常収支赤字の額を上回れば、トルコリラは上昇するだろう。

米国や英国など、主要先進国でも経常赤字が大きい国がある。こうした国々も、投資先として魅力的なため、資金を海外からひきつけ続けている。このため、これら先進国の通貨は堅調に推移している。

このように、経常赤字国が海外から投資資金を呼び込めれば通貨が上昇する、ということは、逆に言うと、経常赤字国から投融資の資金が引きあげる場合はもちろんのこと、引きあげなくても資金流入が止まっただけで、経常赤字分だけ通貨が下落するということを意味する。つまり、経常赤字国の通貨相場は、他国からの資金流入に依存した脆弱な状況にある、とも言える。

さて、ある国への投融資が止まる展開になるには、主に二つの理由が考えられる。

一つは、その国自体に悪材料が発生する場合だ。たとえば、政情不安、内戦、他国との戦争などはもちろんのこと、経済実態の悪化なども含まれる。これは、その国で悪いことが起こっているのだから、当該国の通貨相場が下落するのは致し方ないと言えよう。

ただ、もう一つは、その国で何も悪いことが起こっていないのに、国外からの投融資が控えられてしまうような事態だ。たとえば2008年のリーマンショックを例に挙げると、このときの世界の経済や市場の波乱は米国発だった。米国の住宅バブルが崩壊して住宅ローンが不良債権化し、米国を中心とした金融機関が住宅ローンの貸し出しや住宅ローンに関連した証券への投資で大きな損失を出し、あるいは巨額の損失を出すのではないかとの不安から資金繰りが行き詰まり、経営破綻を招いたという推移だった。

このように、米国以外の国々発で何か悪いことが起こったわけではまったくなかったが、世界の株価などが大きく波乱を見せたため、世界の投資家が「別に南アフリカやトルコで悪材料はないが、世界の市場で波乱が生じているから、リスクを避けるためいったんすべての国の投資を止めて、手元に現金で持っておこう」と、投資や融資の世界的な収縮が引き起こされてしまった。

こうして、経常黒字国からも赤字国からも資金が引きあげられてしまった。黒字国には海外からの投融資がなくとも貿易などで資金が流れ込んでいるが、赤字国は完全に資金流出だけとなってしまい、結果として通貨下落が大きく生じる結果となった。

つまり、経常赤字国に投資する場合、何らかのショックが世界的に生じると、そうした国の通貨相場はかなりもろい、ということを念頭に置くべきだろう。

新興諸国の株式や債券、通貨に投資することは、決して悪いわけではない。そうした国々の経済が長期的に成長し、その果実をその国への証券投資という形で享受できる可能性はあるだろう。ただし、述べたように、経常赤字の新興諸国の場合、かなりリスクが高い、という点も踏まえることが肝要だ。

このため、たとえば退職金の大半を新興諸国への投資につぎ込む、という投資のやり方は、かなりリスクが高いと考えるべきだ。

景気がよい国の通貨は上昇する、という基本

では、続いて③、投資や融資のときに通貨が使われる、という点から考えてみよう。どういう国に対して、投資や融資が増加するのであろうか。それは、景気がよい国ほど投融資の資金が流入しやすい、と言えるだろう。

というのは、ある国の景気がよい場合、その国に企業が進出すれば儲かるし、その国でオフィスビルを保有すれば賃料が大いに上がるだろう。このため、諸外国からの直接投資が盛んに行われるはずだ。

証券投資や融資を考えると、景気がよい国の株価は上がる傾向が強いため、株式に投資するお金が増える。また景気がよければ、その国の家計や企業が物をたくさん買おうとしてお金を借りようとするから、高い金利でも資金を貸せる。その高金利を享受するため、その国の通貨で外貨預金をしよう、その国の債券を買おう、その国に資金を貸そう、というお金が流れ込む。

つまり通貨相場を考えるうえでの基本は、景気がよい国の通貨が上昇する、という点にある。

二国間の金利差に注目すべき理由

このように、景気の良し悪しが大枠で投融資の流れを決めると考えているが、そうした投融資の内容は多種多彩だ。そのなかでは、債券投資や預金、融資の資金量に影響を与える金利動向と、為替相場との関係が注目されることが多い。

つまり、たとえば、日本と米国の金利を比べて米国の金利のほうが高ければ、日本の投資家などが国内で金利を得るより、米国に融資をしたり米国の債券を買ったり米ドル建てで預金をしたりしたほうが高い金利を享受できる。このため、手元の円を売って米ドルを買い、投融資を行うことになるので、円安・米ドル高の傾向が生じるはずだ。したがって、日米の金利差と米ドル円相場を比べて先行きを考えよう、という分析は自然だ。

ここで、日米の金利差を計算する場合、いったいどの金利を使うのか、という点が議論になる。通常、両国の国債利回りを用いるが、「2年債がよい」「いや10年債だ」と様々な主張があり、決定打はない。ただ、過去の金利差と円相場の当てはめを行い、当てはまりがよいものが適切だろう。

この「当てはめ」は、十分な期間のデータで考察すべきだ。専門家によっては、極めて短い期間だけの当てはめを行い、「今回は2年債の金利がよい」「いや今度は5年債だ」ところころと変える人もいるようだが、それでは話を聞いている投資家が振り回されるばかりだ。

本書では、日本と米国の10年国債利回りをとって、その金利差と米ドル円相場の当てはめを行った（当てはめの手法は回帰分析と言われるもので、詳しく知りたい方は、統計の本をお読みいただきたい）。当てはめに用いた期間は2006～2008年のデータで、そこで得られた金利差と為替相場の関係をそのまま直近まで伸ばしている。

図表3-3　米ドル相場（対円）の日米金利差による推計値

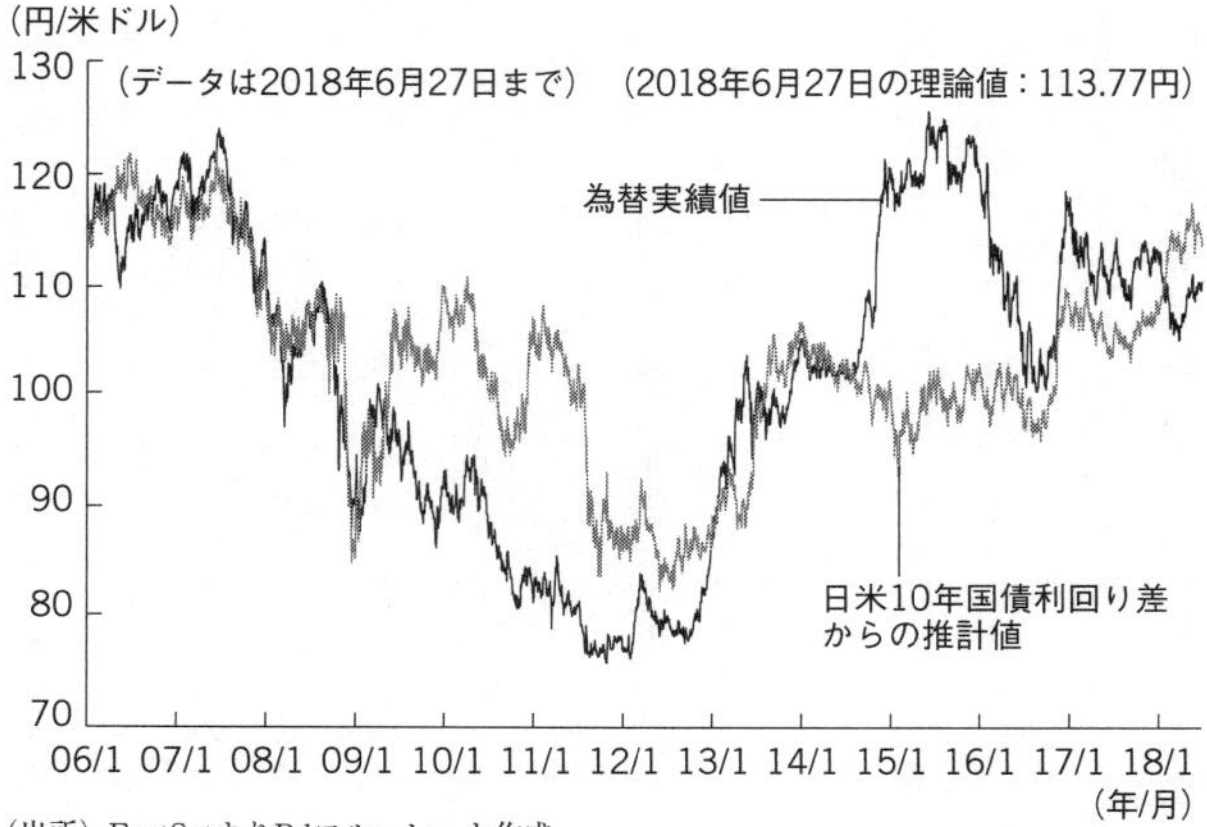

（出所）FactSetよりBdフルーレット作成

図表３－３で示されたように、２００６～２００８年はぴったりと当てはまっている。その後、実際の円相場が円高方向に（図表３－３では下方向に）ずれ、また両者の関係が復活した後、逆に円安方向にずれてはいるが、長期的な為替の方向性は金利差がよく表していると言えよう。また最近では、二つの線が比較的近い。

この2回の二つの線が離れた時期は、この分析の効力がなくなったわけではなく、相場の「行きすぎ」が生じたと考えている。

２００９年途中から２０１２年の円高が行きすぎた時期は、民主党政権下で、東日本大震災もあって、日本の株価が大きく低迷した期間だった。日本株がさえない、というのは、日本にとって悪い話であるから、本来は円が売られてよいはずだが、後述のような「リスク回避のための円高」（日本を含めどこの国でリスクが生じても円が買われる）が生じたものと解釈できる。

その後、安倍晋三政権が誕生し、金融政策では、日銀が2013年4月からいわゆる「異次元の緩和」を進めた。この緩和は、日本の金利を押し下げ、日米金利差を拡大させて円安を招いただけではなく、「お金のばらまき」と称された量的緩和を行うことで、日本円が大いに余るという観測を広げた。

野菜が豊作だと値段が下がるように、通貨も量が余れば交換価値が下がる、と考えられる。このため、円安が進むとの期待が強く生じ、いったんは前述の行きすぎた円高を脱して金利差と円相場の関係が復活したものの、その後の2015～2016年はさらに円安の行きすぎとなってしまった。

ところが、第7章で述べるように、「日銀がお金をまくからカネ余りになる」という考えは、まったくの誤りであった。市場も誤りに気がついたためか、円安の行きすぎは修正され、今は二つの線は近いところで動いている。

今後は、他の要因が強く働かなければ、日米の金利差に沿った為替動向になると見込まれる。

やはり為替相場も売りと買いで動く

以上は、かなり長期的な観点から為替相場をとらえた内容だったが、やや短期的な点も述べたい。為替相場だけではなく、株価も債券価格も国際商品市況も同じだが、売りが多くなれば価格は下落し、買いが多くなれば価格は上がる。

そうした売り買いの状況を推し測る一つのデータが、通貨については、先物市場における買い残、売り残の金額だ。

先物は、将来の為替売買の値段を今決めてしまうものだ。たとえば、今、米ドルの105円の1カ月物（1カ月後に決済するもの）の先物を買うとする。1ドル105円という値段は先物を買った時点で決まってしまう。そのため、1カ月後の決済日に米ドル円相場が100円だろうと110円だろうと、先物を持っていれば105円を渡して1ドルを受け取ればよい。

ただ、先物は、決済の日までずっと保有して、決済を行わなければいけないわけではない。先物の値段は決済日までに上下するので、先物を買って値上がりしたら売却して差額を儲ける、あるいは先物を売って値下がりしたら買い戻して差額を儲ける、ということもできる（もちろん、反対方向に動けば損失が出る）。先物は手元の現金が少なくても大きな額を売買できるため、投機的な儲けを目論む投資家がよく活用する。

以上は先物のざっくりした説明なので、詳しく学びたい方は先物の解説書を読んでいただきたい。

さて、このように先物市場では投機的な投資家（投機筋と呼ばれる）が売買を行っているわけだが、通貨先物で最大の市場はシカゴだ。シカゴにマーカンタイル取引所（ＣＭＥ、Chicago Mercantile Exchange）があり、その一部門として国際通貨先物市場（ＩＭＭ、International Monetary Market）がある。そこでＩＭＭの非商業筋（「商業筋」は為替を商売にしている向き、つまり銀行を指すが、非商業筋は銀行以外の主に投機目的で先物を売買していると推察される投資家を指す）の、円の買い残・売り残の動きをグラフで見てみよう（図表３－４）。

図表3-4　シカゴ先物のポジション（非商業筋）と円相場

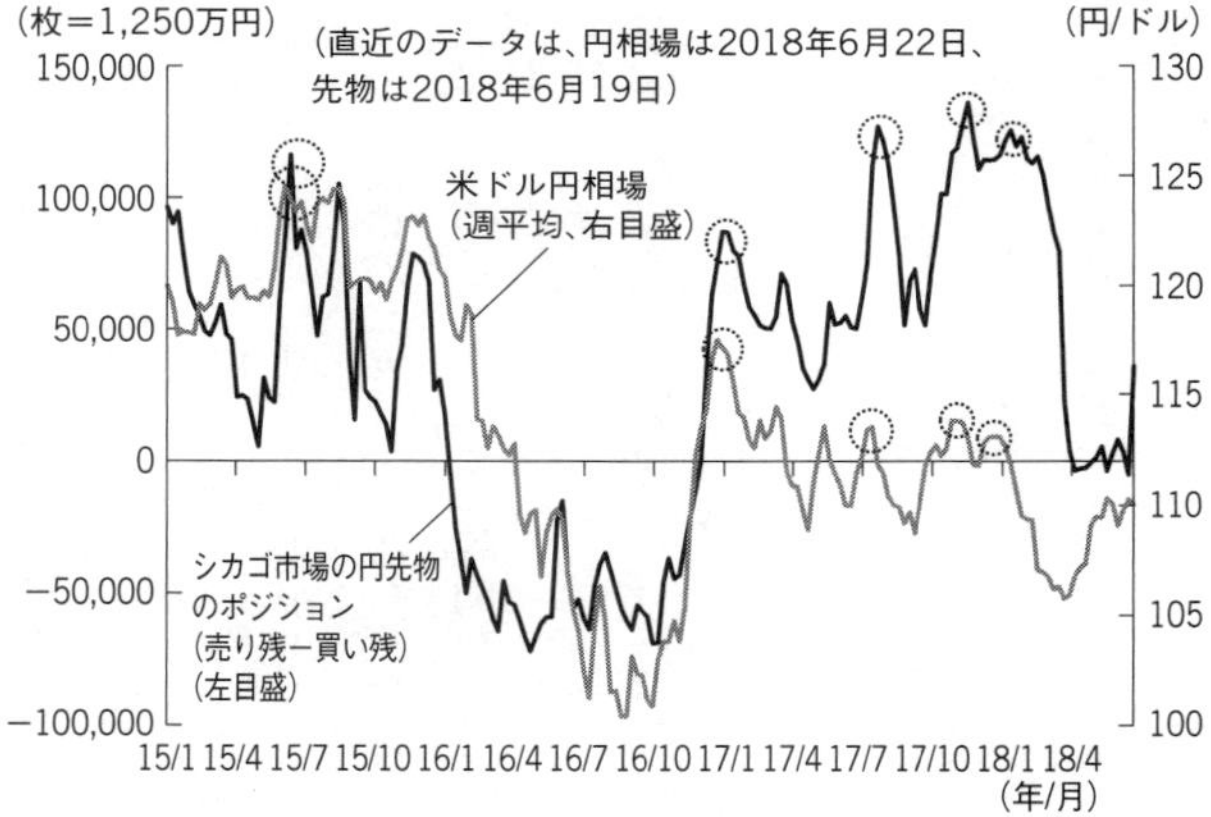

（出所）諸データよりBdフルーレット作成

円の売り残とは、投資家が先物で円を売ってそのまま保有している（まだ反対売買や決済を行っていない）残高を示す。買い残も同様に、買ったまま保有されている先物の残高だ。グラフでは、売り残から買い残を引いたものを示している。

この残高の動きと米ドル円相場を重ねてみると、両者のピーク（○印）のタイミングがおおむね一致している。つまり、売り残が増えていく過程は、投資家が先物で円を売ってそれが積み上がっている状態だ。どんどん円売りが行われているのだから、相場は円安に進む。ところが、円の売り残がピークアウトして減少に転じた、という局面は、円を先物で売った投資家が反対売買の円買いを進めており、そこで売り残が消えていることが示されている。円買いが進められているのだから、円が買われて今度は円高に向かっているわけだ。

こうした考察からは、「円の売り残高が積み上がる過程では円安が進むが、積み上がってしまうと、かえってその後は反対売買の円買いが多く出て、円高に向かう」ということがわかる。

このシカゴ先物市場の残高のデータは、米商品先物取引委員会（CFTC、U.S. Commodity Futures Trading Commission）から直接入手もできるが、このページが極めてわかりにくいので、たとえば外為どっとコムのページなどをご覧になることをおすすめする。

https://www.gaitame.com/market/imm.html

円相場の上下は8年リズム？

経済（景気、物価など）や金利、先物の売買動向などと為替相場の関係、といった観点を少し離れ、米ドル円相場そのものの動きを見てみよう。

図表3-5　米ドル相場（対円）

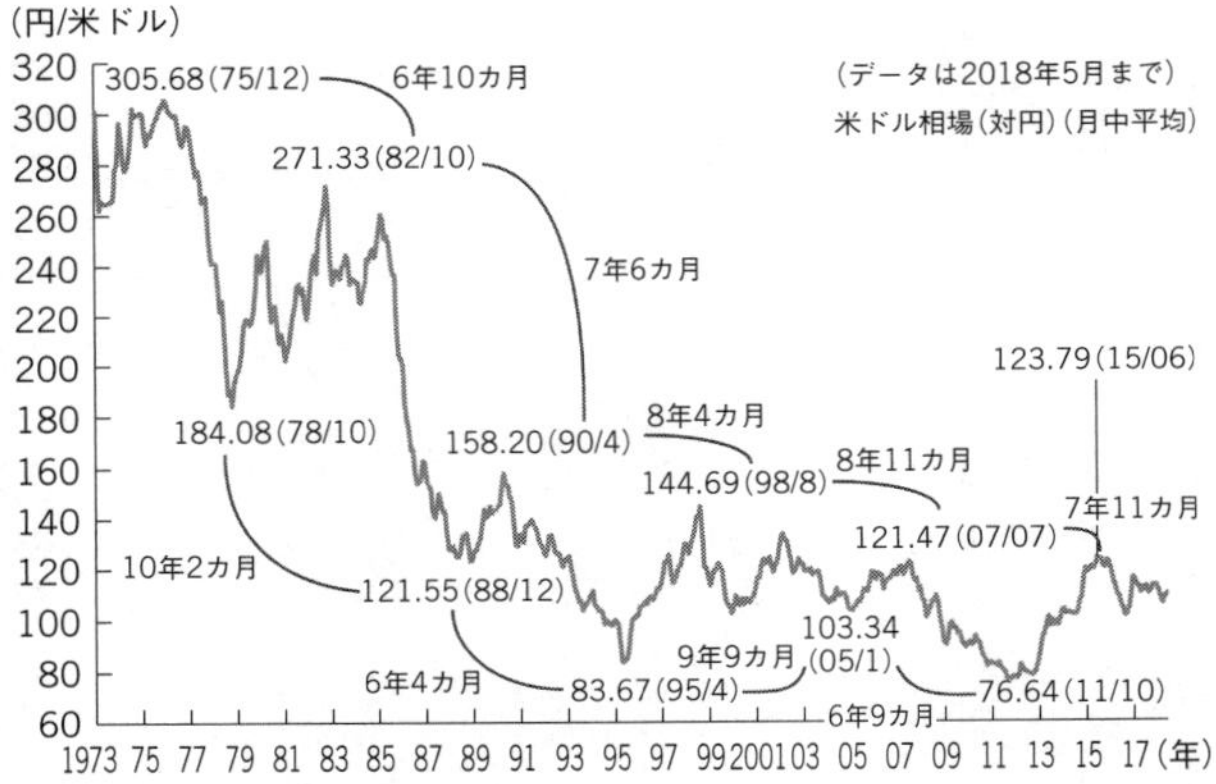

円相場には8年の周期がある、という声を聞く。グラフは、米ドル円相場の月中平均（毎日毎日の米ドル円相場を1カ月間にわたって平均したもの）を描いたものだ。円相場は1973年2月に完全変動相場制（今のように自由に変動する相場）に移行したが、それ以来すべての米ドル円相場が示されている。

図表3－5では、そのピーク（グラフの頂上。米ドルが最も高く、円が最も安かったところ）と、ボトム（グラフの底。米ドルが最も安く、円が最も高かったところ）の年月と価格を記している。また、ピーク同士、ボトム同士の間隔も図中に示した。

ピーク同士の間隔は、長短はあるが、8年

前後のように見える。実際に計算してみると、平均は7年11カ月だ。ボトム同士は、それに比べて期間が結構バラバラだ。それでも平均を計算すると、8年3カ月となる。つまり、ある程度前後はしながらも、おおむね8年ごとにピークとボトムが現れるようだ。

なぜこうした8年のリズムが現れるのかはまったくわからない。一説には、4年ごとに米大統領選挙があるからとか、オリンピックがあるから、と言われる。ただ、理由がわからなくても、そうしたリズムが今後も続くとすれば、直近のピークは2015年6月なので、その8年後の2023年6月の前後には、また米ドル高・円安になっているのかもしれない。

逆に直近のボトムは2011年10月だった。この8年後は2019年10月となる。その前後で米ドル安になっている可能性があるのだろうか。米ドルが安くなる、ということは、そのころ、何か米国にとって悪いことが起こっていると懸念される。それは、米国経済の不況期入り、米国株価の大幅な下落、それとも……??

「リスク回避のための円高」はなぜ起こるのか

前述したように、2012年あたりまで大きく円高が進み、1ドル80円割れ（75円近辺）

となる局面もあった。このころは、２０１１年3月に東日本大震災があり、日経平均株価は９０００円を割れたが、その後もしばしば８１００円に迫る動きを見せた。

　こうした東日本大震災や日本株の大幅な下落は、日本にとって悪いことであるから、日本円が売られて当然のはずだ。それに対して、逆に円高が進んだ理由として、「リスク回避のための円高」という言葉が唱えられた。

　一般論的には、「リスク回避のための円高」という現象が理解できる場合もある。たとえば、米国株が大きく下落したとか、欧州大陸諸国の経済が大きく悪化した、ということが起これば、米国や欧州でリスクが生じていることになる。そうしたリスクが生じている地域に投資や融資を行っていれば、損失が発生しかねない。そのため、米国や欧州から資金を日本に引きあげる、という動きが起こって、米ドル安やユーロ安と円高が生じることになる。

　もしくは、特にどの地域でリスクが発生しているかはともかく、全世界的に株式市場や債券市場が波乱に見舞われれば、世界の投資家がいっせいに資金を自国に戻すことが起こるかもしれない。その場合、前述したように、経常赤字を抱える国については、普段から資金が流出しているため通貨相場が下落する恐れが強いが、日本は経常収支が通常は黒字であるため、逆に円高になりやすい。

しかし、述べたような、2011~2012年を中心とした東日本大震災や日本の株安の場合は、リスクは日本で起こっているわけだ。日本で発生しているリスクによる損失を避けるため、全世界の投資家が日本から資金を引きあげる、ということになれば、かえって円安が生じるはずだ。

あるいは、最近では、北朝鮮がミサイルの試射や核実験を行ったときに円高に振れたこともあった。この円高を説明するための「珍説」として、北朝鮮に極めて近い韓国の投資家が、自国から少しでも離れた日本に資金を移そうとして、韓国ウォン売り・円買いを行うから円高になる、というものが聞かれた。それが正しいとしても、朝鮮半島から米国や欧州はさらに遠く離れているのだから、米ドル安・円高やユーロ安・円高が進んだ説明にはまったくならない。

きっと、富士山が噴火しても、日本が沈没しても、「リスク回避のための円高」と叫びながら円を買う向きが後を絶たないのだろう。

それはさておき、なぜこうした理不尽な「リスク回避のための円高」がしばしば生じるのだろうか。おそらく、過去に、日本で悪いことがあっても円高になるという現象が現実にしばしば起こったため、今回も理由はともかく円高になるだろう、と反射神経的に感じた投資家が、円を買ってしまうからだと考えている。

これではまるで、「リスク」という言葉を聞くと自動的に円買いの注文を出すという「パブロフの犬」だ。こうした裏付けのない円買いが下火になるまでは、「リスク回避のための円高」という現象はしばしば起こるのかもしれない。

第 4 章

株式の投資尺度
本当の意味

この章では、どのように株価の先行きを考えていくのかについて、また投資対象として有望な銘柄を考える「入口」についても述べてみたい。

株券に存在する三つの価値

為替相場の適正水準を考えた際は、まず通貨の役割から考察していった。それと同様に、株式あるいは株券とは何か、なぜその株券がただの紙くず（ただし、現在では株式の紙の「券」は発行されておらず電子データなので、「電子くず」？）ではなく、価値が存在するか、から始めよう。

株主とは、その企業のオーナー（所有者）である。ただ、通常は一人で企業を所有しているわけではなく、その所有権を分割して、分割された所有権を複数人で所有している形だ。その所有権、すなわち所有者の一人であることを示すものが、株式となる。企業を所有することに価値があるからこそ、株式に値段、すなわち株価が付く。

では、その企業を所有する価値とはどのようなものかというと、次の三つが指摘されている。

①企業は株主のものであるから、企業が稼いだ利益（借入金の利息や従業員への給与、税金などを支払った後の利益）はやはり株主のものとなる。このため、利益から配当が株主に支払われるが、配当されなかった残りの利益も株主のものだ。こうした観点から、株式は「利潤証券」と呼ばれる。

②企業が保有している資産も株主のものだ。この点から、株式は「資産証券」であるとも言われる。

③株主は、株主総会を通じて、企業の経営にかかわることができる。企業の最高の意思決定機関は株主総会だ。株主はここで評決に参加する権利がある。このため、株式は「支配証券」としての側面もあると言われる。

こうした株式の三つの価値をこれから解説していくが、先に③の支配証券としての価値を述べたい。株主総会決議事項としては、たとえば役員の選任や会社の基本ルールである定款の変更などがある。こうした議決にかかわれることに価値は存在するはずであるが、それを金額として測定することは極めて難しい。

そうした価値を数値的に測ろうとした論文はある。また、現時点で経営に問題があると考える会社の株式を大いに買い入れ、大株主として議決権を行使するなどにより経営に改善を求め、その結果、株価が上がればそれで利益をあげる、という考えの投資家も多い。こうした投資家は、支配証券としての価値を見出しているはずだ。

ただ、こうした支配証券としての側面から、具体的に株価の適正水準を算出しようという試みが広く行われているわけではない。

ＰＥＲ——企業の利益から株価の妥当な水準を測る

では、株式の①の側面、つまり利潤証券としての点から、株価の妥当水準などを考えていこう。

企業の利益が株主のもので、その利益を評価して株価が形成されているのであれば、利益と株価を比べて株価が高すぎるか安すぎるかを判断しよう、という考え方は自然だ。そこで、株価を利益で割って、その比率の高低で考察する、という尺度が有用となる。

その比率を、ＰＥＲ（Price-to-Earnings Ratio）と呼ぶ。日本語では「株価収益率」という名前が付いているが、この言葉は一見して何のことだかよくわからない（企業の収益ではなく、株式に投資して得られる収益と誤解されることもある）ため、日本語の「株価収益率」より「ＰＥＲ」という呼び方のほうがはるかに知られていると思う。

なお、株価は新聞やネットに載っているように、１株当たり〇円（たとえば１５００円など）という形で表記される。一方、利益額は、総額で〇〇億円といった数値で企業が発表する。これではケタが違い、基準も違って、比率を計算しても意味がないので、利益額も発行済株式数（発行されている株式の総数）で割って、１株当たりの利益としてからＰＥＲを計算する。すなわち、

１株当たり利益　＝　税引後利益（税金を支払った後の最終利益）÷　発行済株式数

で、１株当たり利益は、ＥＰＳ（Earnings Per Share）とも表記される。そして、

ＰＥＲ　＝　株価　÷　ＥＰＳ

で計算されるわけだ。

なお、このＰＥＲの右辺の分子と分母（割られる数値と割る数値）の両方に発行済株式数をかけると、

ＰＥＲ　＝　株価　×　発行済株式数　÷　税引後利益

となる。

この株価と発行済株式数をかけたものを時価総額と呼ぶ。発行済株式数は、株式の数を使って発行された株式全体の量を示すものだが、それを数ではなく金額で見たものが時価総額、という考え方もできる。

このように、

ＰＥＲ　＝　時価総額　÷　税引後利益

でもある。

以上は、一つ一つの企業（銘柄）についてのＰＥＲの計算方法だが、市場全体、たとえば東証一部全体のＰＥＲも計算できる。それには、まず一つ一つの銘柄の時価総額を計算し、それを東証一部全体で合計する。次に、一つ一つの企業の利益額を集め、それも東証一部で合計する。こうして合計を計算してから、

ＰＥＲ　＝　時価総額の合計　÷　税引後利益額の合計

とすればよい。

以上がＰＥＲの算式だが、税引後利益とは、いったい、いつの決算期の利益額を使うの

か、というところも重要だ。一つは、すでに企業が発表済みの決算で最も新しいものを使う、という方法がある。この利益を使って計算されたＰＥＲを、実績ベースのＰＥＲと言う。一方、まだ発表されていない決算の利益予想値を使うこともある。この予想値を使って計算されたＰＥＲを、予想ベースのＰＥＲと呼ぶ。

単に予想ベースのＰＥＲといっても、現在進行している決算期の予想を使うのか、さらにその翌年の予想を使うのか、などで数値が違ってくる。また、人によって予想は異なるので、誰の予想数値を用いるかでもＰＥＲは異なった値となる。

ＰＥＲを実用的に正しく使う方法

ＰＥＲから株価を見る場合の考え方は、ＰＥＲが適正水準からかなり離れて高いと、利益が少ないのに株価ばかりが高いことになり、株価が割高だ（したがって、今後は株価が下落する可能性が高い）という意味合いになる。逆にＰＥＲが適正水準からずっと低いと、利益がかなりあるのに株価が安い、ということを意味し、株価が割安だ（そのため、これからは株価が上がる可能性が高い）という判断ができる。

問題は、PERは何倍が「適正水準」か、ということだ。実は企業（銘柄）によって、PERの適正水準は高くもなるし低くもなる。つまり、すべての企業について共通に、たとえば「15倍が適正水準で、25倍は高すぎるし、10倍は低すぎる」という目安はない。

たとえば、利益が将来高成長するという期待が強い企業と、そうでもない企業を考えてみよう。PERは、実績の利益で計算するにせよ、予想の利益で計算するにせよ、ある特定の時期の利益だけを使って算出される。ということは、その次の期、さらに次の期、……といった将来に対する投資家の考え方は反映されていない。

利益が将来高成長すると期待されている企業の場合、今の利益水準が低くても、先行きぐいぐいと利益が伸びていくのであれば、すでに今の段階で株価がかなり上がっていてもおかしくない。すると、現在の低い利益と高い株価で計算されたPERは当然高くなる。しかし、だからと言って、今の株価は将来性を考えると割高ではないのかもしれない。

逆に利益が今後長期的にさえない、と懸念されている企業であれば、現在の利益がたっぷりあっても、株価が安いことはありうる。計算されるPERは低くなるが、だから割安だ、とは言えない可能性がある。

こうした利益の成長性に対する投資家の見方だけではなく、利益の安定性もＰＥＲの高低に影響しうる。利益がずっと安定してある程度の水準を確保できている企業であれば、根拠があるかどうかはともかく、将来も同程度の利益が稼げるだろうと投資家は期待し、安心してその株式を買いやすくなるため、ＰＥＲが高めになる。

逆に、利益が毎年大いに増減して、来年はどうなるかわからない、という企業の場合は、今の利益が高くても投資家が怖くなってその銘柄をあまり買わず、ＰＥＲが低くなると考えられる。

このように、それぞれの企業の特徴によって「適正なＰＥＲ」は異なると考えられる。では、どうやって適正なＰＥＲの水準を見つけ出すか、ということだが、理論式で求めよう、という試みはある。

ここから先は煩雑になる恐れがあるためきちんとした説明は省略するが、ＤＤＭ（Dividend Discount Model、配当割引モデル）という、株価の適正水準を算出しようとする数式がある。それを応用すると、

$$PER = d/(r - g)$$

ｄ：配当性向（利益から配当金に回す割合）
ｒ：割引率（金利のようなもので、その企業の先行きにリスクが大きいほど高くなる）
ｇ：配当金の長期成長率

となる。

このモデルでも、ｇ（配当金の成長率だが、ｄが一定という前提のため、利益の成長率と一致する）が高いほどＰＥＲが高くなり、ｒ（リスクが小さいほど数値が低い）が低いほどＰＥＲが高くなる、ということになる。つまり、前述の、利益の成長期待が高く安定性が高いほどＰＥＲが高くなる、という考察と一致する。

では、この算式を使って各銘柄の適正なＰＥＲを計算すればいいだろう、と思われるかもしれない。ただ、ｒもｇも、性質上小さい数値（たとえばｒが3％の場合、0・03という％表示ではない値を使う）であるため、ｒ－ｇは、もっと小さい数値となる。すると、ｒをどう推計するか、ｇをどう見込むか、という前提がほんのちょっと狂っただけで、計算されるＰＥＲの水準は極端に違ってしまう。

たとえば、ｒの推計値が２・５％で、ｇの推計値が２・０％の場合、ｄを０・０２５－

0・020＝0・005で割る、つまり200倍すればPERが算出されるが、rとgの推計値がちょっと変わって、rが2・7％、gが1・7％になっただけで、dを0・027－0・017＝0・010で割る、すなわち100倍だけすることになる。

つまり、rの推計値を0・2％幅だけ上げて、gの推計値を0・3％幅だけ下げたことで、計算される適切なPERの水準は2倍違う（200倍するか、100倍するか、の差）。これでは、理論を議論するならよいかもしれないが、実用には使えない。

では、実用上どうやってPERの適正水準を考えているか、ということだが、たとえばある銘柄のPERの過去の推移を、かなり長期的にとってみる。その数値が20倍と40倍の間で推移し続けており、20倍を割れたり40倍を超えたりすることがほとんどなかったとすれば、市場は（つまり投資家の集合体は）、この企業のPERは20～40倍が適切だと結果的に考えていると言えるだろう。とすれば、この銘柄のPERが20倍に近いところに位置すれば割安、40倍に近ければ割高、と考えればよいだろう。

ただしこの考え方は、過去のPERを調べた期間にわたって、また今後についても、この企業の利益の成長性や安定性が大きくは変わっていない、という大前提が必要だ。合併や業態変更、画期的な新製品や新サービスの登場、致命的なスキャンダルの発覚、所属する産業の大幅な隆盛や衰退などにより、企業の利益の成長性や安定性が構造的に変わってしまった、という事態が起きた場合は、こうした過去の推移を調べて考えるという「手」は使えない。また、もちろん新規上場直後の銘柄については、過去長期間の株価のデータ自体がないので、やはりこの手法は使えない。

このため、別の手段としては、業態がよく似た別の企業のＰＥＲを当てはめる、ということもしばしば行われる。ただ、まったく同じ企業は他に存在しないため、こうした当てはめを行う場合は注意が必要だ。

実際のデータから、買われすぎ・売られすぎを見極める

市場全体、たとえば東証一部のＰＥＲは、各企業の時価総額合計を利益額合計で割ればよい、ということは述べた。ここで、実際の日本の予想ＰＥＲを見てみよう。

ＰＥＲのデータは後述のように、日本経済新聞などで見ることができるが、この後で示す図表４－１のＰＥＲの数値はそれとは違う。最も異なる点は、予想決算期の定義だ。

日本経済新聞の予想決算期は、「まだ発表されていない一番古い決算期」だ。たとえば2018年4月初旬の時点では、まだ2018年3月期の決算は発表されていない（決算発表は通常4月後半から5月前半）。このため、2018年4月5日時点の予想PERは、2018年3月期の「予想」利益を使って計算される（2018年3月はすでに過去だが）。

その後、日が進んで、2018年3月期の決算が発表されれば、2019年3月期の予想利益に切り替わる。発表日は企業によって違うので、決算発表シーズンの最中は、予想PERの計算の対象決算期は企業ごとに異なるものが入り混じる。

一方、このあと掲載している図表4－1では、予想決算期として、「その日の翌月からの12カ月」をとっている。たとえば、2018年4月初旬の時点の予想PERを計算する際は、翌2018年5月から2019年4月までの1年間の利益を使っている。

とは言っても、ぴったりその期間に対応する予想利益は、4月本決算企業でなければ作成されていない。そこで、たとえば3月決算の場合、2019年3月期（2018年4月～2019年3月）の予想利益額の12分の11を2018年5月から2019年3月の11カ月分とし、2020年3月期（2019年4月～2020年3月）の予想利益額の12分の1を

図表4-1　TOPIXの予想PER（先行き12カ月ベース）の推移

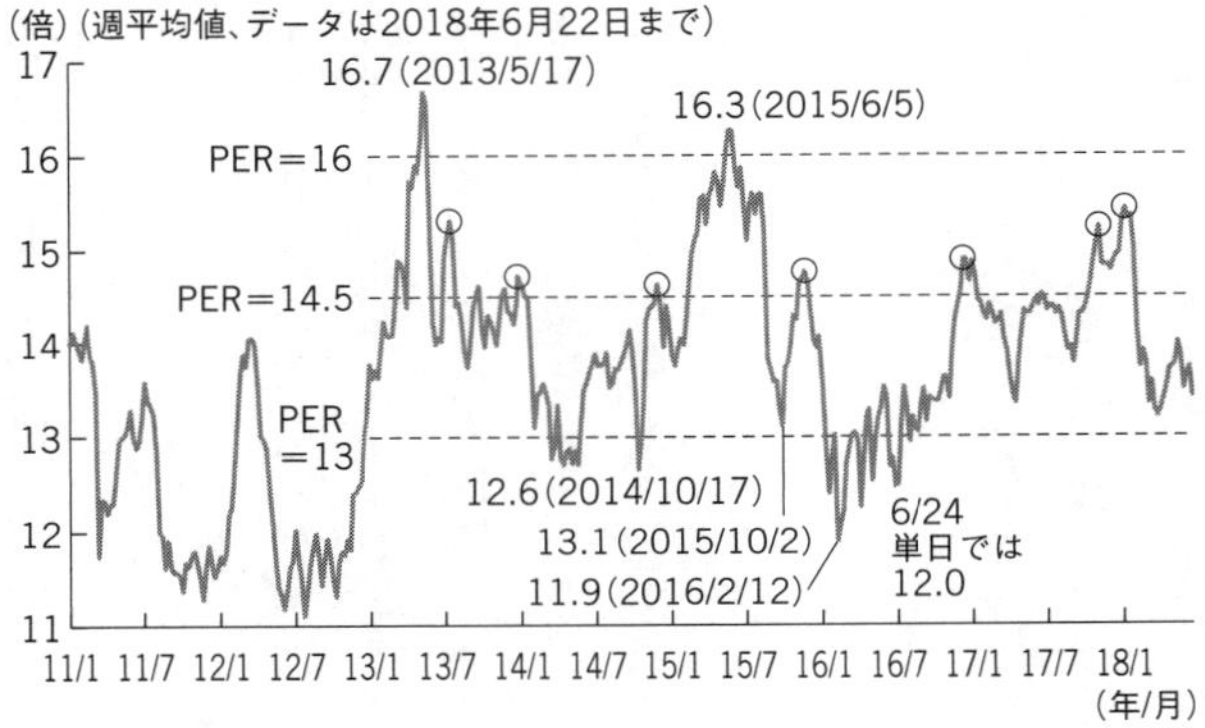

（出所）FactSetよりBdフルーレット作成

２０１９年４月分として、その両方を合計して１年分としている。

　まず、近年の日本市場の予想ＰＥＲを見てみよう。対象となる銘柄群は、ＴＯＰＩＸ（東証株価指数）という指数の計算に採用されているものだ。ＴＯＰＩＸは東証一部上場のすべての銘柄から計算されている指数なので、対象は東証一部全銘柄となる。

　図表４－１のグラフ中央やや左から右端にかけて、横向きに３本線が引いてある。それは、第２次安倍晋三政権発足後の期間（２０１２年12月以降）だ。それ以前とＰＥＲの居所が異なるのは、安倍政権以前には東日本大震災といった不幸な災害もあったが、それ以上に、政権が

異なることがＰＥＲを違った水準に位置させていた、と考えている。

逆に、第2次安倍政権が発足して以降は、日本の企業収益全般に対する成長性や安定性についての投資家の見解に大きな変化が生じていないため、ＰＥＲが一定の範囲（適正水準の前後）で推移していると推察される。

そのうえで、主に２０１３年以降は、予想ＰＥＲは14・5倍を中心として上下に動いており、16倍を超えると買われすぎ、13倍を割れると売られすぎだったと判断できる。なお、図表4－1中の○印は、ＰＥＲが16倍に届かなければ、多くの局面で15倍前後でピークアウトしたことを示している。

買われすぎの例を挙げると、２０１３年5月17日に終わる週は、平均でＰＥＲが16・7倍となっており、株価が全般に割高だったと言える。このときなぜ割高になったかと言えば、第3章で解説した日米金利差と比べて円安が進みすぎた局面と同様に、ＰＥＲが高水準となった直前の4月4日に始まった、日銀による「異次元の緩和」が過大評価されたと推察している。

日銀の大規模な量的緩和、いわゆる「お金のばらまき」がまったく効果がなかったとは考えていないが、後の第7章で述べるように、限定的な効果しか生じなかったと推察される。しかし、当時の株式の専門家や投資家、マスコミは、「カネ余りになってバブルになる」などと大騒ぎしていた。そうした騒ぎが誤っていたことを、当時のPERは示していたと言える。

逆に売られすぎの例としては、2016年1~2月の世界同時株安時が挙げられる。当時は中国経済が減速していたが、それを過剰に取り上げ、世界景気後退の懸念が広がった。また、どちらが鶏か卵かは不明だが、世界の経済が悪化すれば原油や鉱石類などの国際商品に対する需要が減退するとの見方から、国際商品市況が下落し、そのため資源国の経済が悪化するとの見解も力を得た。そうした不安は、ある程度的を射てはいたのだろうが、市場に不安が広がりすぎて、日本企業の収益の実力と比べて行きすぎた株安になっていたのだろう。

理論的にはありえないPBR1倍割れになる理由

次に、かなり前に戻って、株式は資産証券（会社の資産は株主の物）という側面から、別の投資尺度を紹介しよう。

企業の資産のすべてが株主のものとは限らない。そのなかで大きなものは借入金だ。借入金などを負債と呼び、文字どおり金融機関から借りた資金もあるが、企業が社債を発行して借りたお金もある。こうした様々な負債は、たとえば会社が営業を止めて精算する際には返さなければいけないので、負債を返済した後に残った資産が株主のものとなる。

こうした株主のものとなる資産を純資産と呼び、「総資産－負債」で計算できる。

そこで、ＰＢＲ（Price-to-Book Value Ratio）というものが考え出された。これは、

ＰＢＲ ＝ 株価 ÷ １株当たり純資産

で計算される。ＰＢＲには、「株価純資産倍率」という日本語の言い方もあるが、ＰＥＲの場合と同様、単に「ＰＢＲ」と呼ぶほうが通りがよいと感じる。また１株当たり純資産は、ＢＰＳ（Book Value Per Share）と言われる。

このＰＢＲは、個々の銘柄で計算できるし、ＰＥＲの場合と同様、

ＰＢＲ ＝ 時価総額 ÷ 純資産額

なので、市場全体で時価総額合計と純資産額合計をそれぞれ計算してから割り算すれば、市

場全体のPBRも算出できる。

　このPBRは、PERと意味合いが異なる。使い方としては、PBRが1倍を下回れば株価が割安だと考えられる。PBRが高くなる分には、意味が乏しい。つまり、PBRが高いから割高だとは言えない。それは、資産が少なくても、利益が多ければ、利益によって株価が支えられることもあるからだ（この点は後でも述べる）。

　PBRが1倍を割り込んでいる状況は、算式から考えると、時価総額より純資産額が大きい、ということになる。ある企業の株式をすべて買い占めるには、時価総額だけの金額を支払えばよい（今の株価ですべての発行済株式数が買える）。そうしてその企業を自分だけのものにして、企業の営業を休止させ、すべての資産を売り払って負債を返せば、株式を買い占めるのに使った金額以上のお金（＝純資産額）が手に入る。

　実際にそうしたことをしようとしても、株式をすべて買い占めようとすれば、売り惜しみをして高値でしか売らない他の株主がいて今の時価総額以上の金額を払うことになる、あるいは、株式の買い占めに成功して買収した企業の資産を売り払おうとしても、帳簿に載っている価格では売ることができず、投げ売りして二束三文になってしまう、という事態に陥り、

図表4-2　TOPIXの予想PBR（週平均）の推移

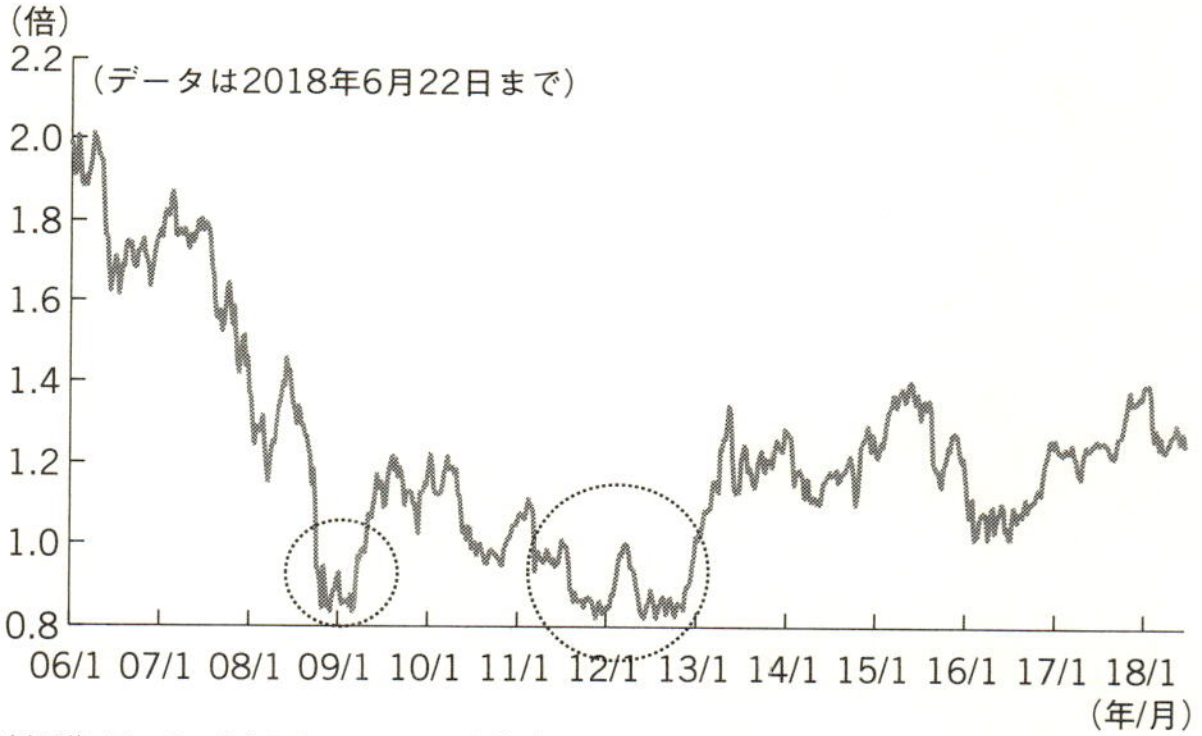

（出所）FactSetよりBdフルーレット作成

目論見どおりにはならないだろう、と考えられる。

それでも理論的には、少ない時価総額相当の資金で株を買い占めてより金額が多い純資産が手に入る、ということは合理的でないため、株価はＢＰＳより安くはならない（ＰＢＲが１倍を割り込まない）ことが「普通」だと考えられている。

ところが現実には、個別銘柄についても、市場全体についても、ＰＢＲが１倍を割れることは起こってきた。たとえば東証一部全体のＰＢＲを先ほどのＰＥＲのグラフより長い期間で見ると、ＰＢＲが１倍割れで推移していた時期があった（図表４－２の点線の○印）。これは2008～2009年のリーマンショック時や、2011～2012年の旧民主党政権下で、東日本大震災もあった時期に当たる。

理論的には1倍を割り込まないはずなのに、なぜPBRが現実に1倍を割り込んだことがあるのかについては、次のような理由が考えられる。
①企業利益の赤字が続いており、今はある程度の純資産額があるが、それが将来減っていくことが予想されている。あるいは現時点では企業が利益を出しているが、無謀な投資を経営陣が計画しているなどの理由で、将来大きな赤字を出して純資産額が減るという懸念が強まっている。このため、将来の純資産の減少をすでに反映して低い株価が付き、今の純資産から計算されたPBRが1倍を割れてしまう。
②企業会計に対する不正が強く疑われており、企業が発表している純資産の額が信用されていない。
③投資家が過度な悲観に傾いており、冷静な判断ができていない。
ただ、「通常の状況」であれば、PBRが1倍を割り込む、あるいは1倍に極めて近い株価は、売られすぎの可能性が高いと判断されるだろう。

PER、PBRのデータをどこから入手するか

では、日本株のPERやPBRのデータはどこから入手すればよいのだろうか。

まず、個別銘柄については、東洋経済新報社「会社四季報」あるいは類似の雑誌に掲載されている。また、直近のPERを見たいのであれば、たとえば日本経済新聞電子版のなかに「日経会社情報DIGITAL」

https://www.nikkei.com/nkd/

というコーナーがあり、そこで全銘柄について予想PERがわかる。このほか、証券会社に口座がありネットによるサービスを利用できるのであれば、多くの場合、各銘柄のPER、PBRなど種々の数値を知ることができる。また、Yahoo!ファイナンスなどでもそうしたデータは閲覧可能だ。

また、市場全体のPERなどの投資尺度については、日本経済新聞（本紙ならびに電子版）でわかる。加えて、「日経平均プロフィル」というサイトのなかの「アーカイブ」のデータも便利だ。

https://indexes.nikkei.co.jp/nkave/archives/summary

ＰＥＲの二つの限界

ＰＥＲは重要な投資尺度ではあるが、もちろん万能ではない。様々な限界が論じられているが、しばしば指摘されるものとして2点がある。

一つは、すでに述べたが、今後長い目で見た企業の利益の成長性が高ければＰＥＲは高くなって当然であり、逆に成長性が低ければＰＥＲは低くても妥当となり、結局、様々な企業に共通な適正水準は見出しにくい、ということだ。

もう一つは、金利水準がＰＥＲには反映されていない、という点だ。この2点目は、個別銘柄の場合はあまり論じられないが、市場全体のＰＥＲを考えるうえではしばしば議論になる。

金利水準が低い場合は、預金したり債券に投資したりしても得られる利回りが低いので、多少リスクがあっても株式で運用しようという資金が増え、株価が押し上げられてＰＥＲも高くなると考えられる。一方、金利水準が高くなれば、無理に株式を売買しなくても金利物に資金を投じればよいと判断する投資家が増えて、株価が下がりPERは低くて当然かもしれない。

この二つの限界を踏まえ、PERから別の投資尺度を作り出そう、という考え方があり、それを次で述べる。

成長率格差を補うために生まれた指標

まず、企業の今後の利益の成長性をPERの計算式が反映しておらず、成長性の高低によって妥当な水準が異なってしまう、という欠点を補うものとして、PEGレシオ（Price Earnings Growth Ratio）というものが考え出された。

これは、

PEGレシオ　＝　PER　÷　利益成長率

で算出される。このPEGレシオも、個別銘柄でも市場全体でも計算できる。一般的には、PEGレシオが1倍を下回ると割安、2倍を超えると割高、と言われているようだ。とは言っても、そうした判断でよいのかどうか、理論的にきちんと検証された論文などは、筆者

図表4-3　TOPIXのPEGレシオ（週平均）

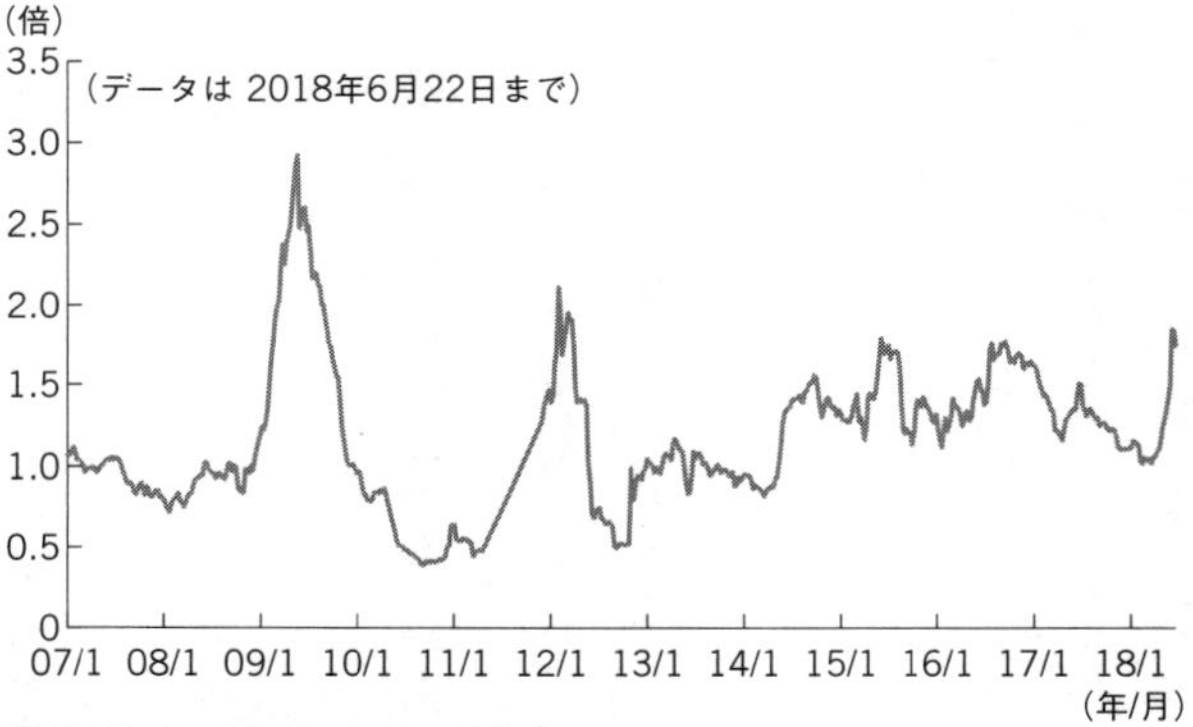

（出所）FactSetよりBdフルーレット作成

は不勉強なため読んだことはない。

ただ、東証一部全体のＰＥＧレシオを見ると（図表４―３）、確かに1倍と2倍の間で動いていることが多いようだ。このため、市場全体で1倍を割れると割安、２倍を超えると割高、という判断でよさそうに思われる。

また、最近は１・５倍前後でＰＥＧレシオが振幅しているので、１・５倍あたりを基準に割安・割高を判断してもよいのだろう。

こうした市場全体のＰＥＧレシオの振る舞いを見ると、個別銘柄でも、１倍を割れると割安、２倍を超えると割高、という判断でそれほど大きくは違わないように推察される。

ただ、ＰＥＧレシオを算出するにあたって

は、利益成長率とは具体的にいったい何なのか、という点が肝要だ。

株価は将来利益がどうなるかについての投資家の期待を反映したものなので、先行きの予想利益成長率を採用すべきだろう。長い目での成長期待が株価に映し出されているとすれば、先行き3～5年程度の予想利益成長率を使うべきだ、という考え方が主流のように思われる。もちろん、その場合の成長率は、１年間に換算されている（たとえば5年間で利益が2倍になる場合、１年当たりの成長率は14・９％になる。それは１・１４９の５乗が２だからだ）。

とは言っても、アナリストが作成した予想利益成長率を使うとして、来期の利益予想が外れることもあるのに長期の利益成長率の予想が信頼できるのか、といったそもそもの疑問がある。したがって、通常アナリストは先行き2期程度の利益見通しを具体的に作成することが多いことから、3～5年程度ではなく、２期先までの利益の予想数値の伸びを長期成長率として代用する、というやり方が実際には多い。

あるいは、過去5年間の利益の伸び率を、先行きの利益成長率として使うこともあるようだ。これは、過去と同じような利益成長率が将来も持続する、という前提を置いたものであるため、場合によっては適切ではない可能性がある。また、その過去5年の間に、何らかの特殊要因（「○○ショック」のようなものや一時的な利益の増減）があると、将来に当てはめるには適切でない数値になっているかもしれない。

個別銘柄のPEGレシオについては、最近では「会社四季報」のような雑誌類にも掲載されている。この場合は、直近2年間の経常増益率を利益成長率として使っている。一部の証券会社のサイトでも、そこに口座があれば、個別銘柄のPEGレシオの数値を知ることができるようだ。

前掲の東証一部全体のPEGレシオは、金融関連データを提供しているファクトセットが、主要な証券会社などのアナリストの長期利益成長率見通しを収集し、それを東証一部の全企業について集計している。この場合、予想値を提供している証券会社などによって、長期利益成長率の定義が異なりうる点は要注意だ（原則5年の見通しだが3年間の見通しが混在していることがある、とされている）。ただ、5年と3年の見通し数値が極端に違うことは考えがたいため、実用上はあまり支障がないと解釈できる。

金利水準の高低をカバーする指標

もう一つのＰＥＲの限界、つまり金利水準の高低によりＰＥＲの適正水準が上下してしまう、という欠点をカバーしようと考えられたものがイールドスプレッドだ。ここで「イールド」は利回り、「スプレッド」は差を意味する。

金利、つまり債券の利回りは、長期国債（通常、10年国債）を取ることが多い。一方、株式の「利回り」とは配当利回り（年間配当金÷株価）のことか、と思うかもしれないが、「益回り」と呼ばれる株価に対する1株当たり利益（ＥＰＳ）の割合が採用される。

つまり、あたかもＥＰＳが債券の利金であるかのようにして、

益回り　＝　ＥＰＳ　÷　株価

で計算する。金利が％表示であるように、益回りも％表示する。

ここでお気づきかと思うが、益回りはＰＥＲの逆数（1÷ＰＥＲ）だ。ただし、ＰＥＲが20倍であれば、益回りは1÷20＝0・05を％表示して5％となる。その「倍」と「％」の違いを踏まえて計算式を直すと、

益回り　＝　１００　÷　ＰＥＲ

となる。

ここで、

イールドスプレッド（％）

＝　債券利回り　－　益回り　＝　債券利回り　－　（１００　÷　ＰＥＲ）

として計算される。

ここでの考え方は、次のようなものだ。

債券利回り（金利）が上昇すると、株を売って高い利回りの債券を買おうとする投資家が増えてＰＥＲが低下する、つまり益回りが上昇する。このため、イールドスプレッドは債券利回りの上昇と益回りの上昇が相殺されてそれほど動かない。金利が低下する場合はすべて逆になって、やはりイールドスプレッドは安定的に動くと考えられる。

したがって、イールドスプレッドが高い場合は、金利以外の要因で株価が高すぎる（金利が高い割には益回りがそれほど高くない、つまりＰＥＲの低下が不十分）、イールドスプレッドが低い場合は株価が安すぎる（金利の低さに比べて益回りがあまり低くない、つまり

ＰＥＲが金利の低さに見合うだけ十分に高くない）と判断される。

ところが、このイールドスプレッドには大きな弱点がある。過去、金利がどこの国でもそれなりに高かったころはよかったが、近年では日米欧など主要国の長期金利が低迷することが続いてきた。イールドスプレッドは、金利から益回りを引くので、金利水準より値が高くなることがない。つまり、たとえば日本の長期金利が１％だとすると、ＰＥＲが１万倍になろうと1億倍になろうとイールドスプレッドは１％を超えない。こうした上限がある投資尺度では、投資判断に使いにくい、というわけだ。

このため、現在のような低金利環境では、イールドスプレッドより次のようなイールドレシオを用いるほうがよいだろう。「レシオ」とは比率の意味だ。

イールドレシオ（倍）＝債券利回り÷益回り

これは、引き算を割り算にしただけで考え方は同じだ。ただ、債券利回りがいくら低くても益回りの低下（ＰＥＲの上昇）が著しければ、イールドレシオはいくらでも上昇できるので割高の判断が下しやすい。

ここで、「益回り（％）＝１００÷ＰＥＲ（倍）」であったので、

イールドレシオ（倍）
＝　債券利回り　÷　益回り
＝　債券利回り　÷　（100　÷　PER）
＝　債券利回り　×　PER　÷　100

となる。たとえば債券利回りが2％でPERが15倍であれば、イールドレシオは「2×15÷100＝0・3倍」になる。％表記をやめて、債券利回りを0・02という数値にすれば、イールドレシオは0・02×15＝0・3倍とも言える。

このように、債券利回りを％表記しなければ、

イールドレシオ　＝　債券利回り　×　PER

と言える。本書では、今後すべてこの数式を使う。

イールドレシオでわかる米国株式市場の適正水準

さて、実際のイールドレシオを見てみようと思うが、日本の場合は、日銀の金融政策によって10年国債利回りがほぼゼロに固定されてしまっている。こうした「人為的な」金利水

図表4-4　米S＆P500指数のPER（週平均、12カ月先予想ベース）

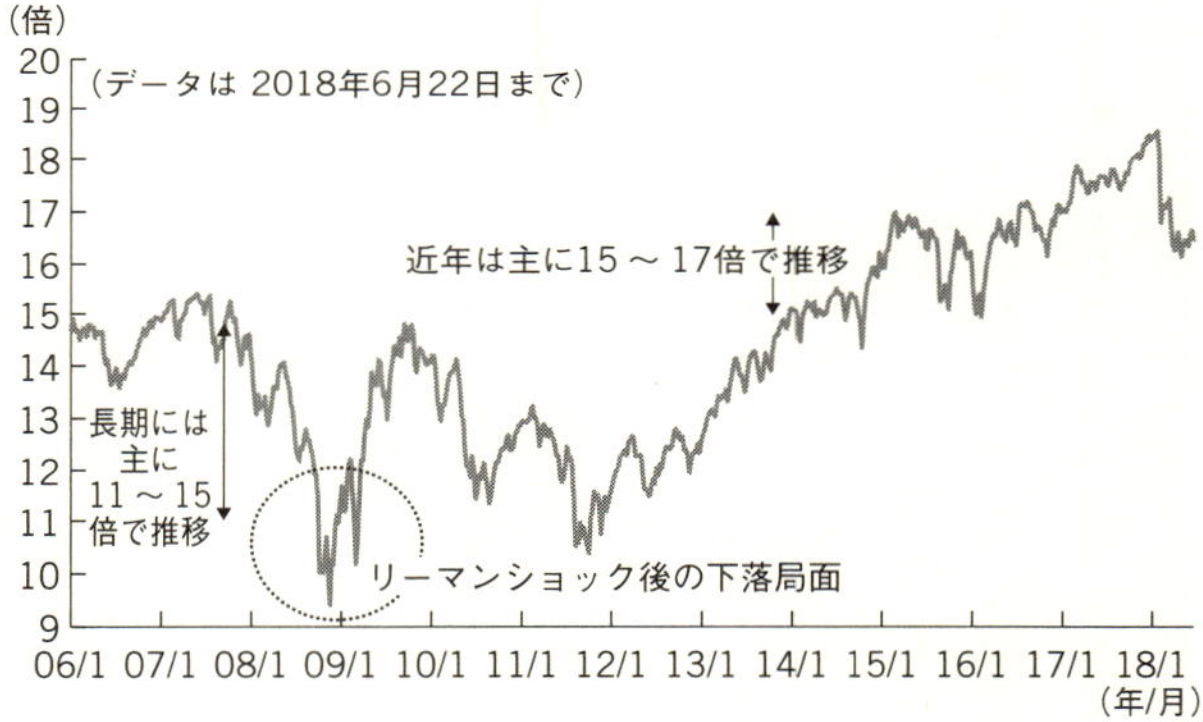

（出所）FactSetよりBdフルーレット作成

準を用いて株価の割高・割安を議論してもほとんど意味がないと考える。

また、イールドスプレッドよりイールドレシオのほうが低金利でも機能しやすいとは述べたが、さすがに金利がゼロ近辺では、イールドレシオでも機能しない。たとえば金利がちょうどゼロであれば、イールドレシオはＰＥＲが２倍でも１億倍でもゼロになる。

このため、米国株式市場を使って、イールドレシオについて見てみよう。まず、これまで米国のＰＥＲについてまったくご紹介していないので、ＰＥＲから示す（図表４－４）。

米国株式市場のＰＥＲは、２００６～２０１３年あたりはおおむね11～15倍で動いていた。つまり、リーマンショック時のように、11倍を割れると割安、15倍を超えると割高、ということだった。ところが、2014年以降は、15～17倍が適正水準になったと考えている。

17倍までが近年は適正だと言ったが、実は2017年および2018年のうち2月初旬まではほとんどの期間で17倍を超え、2018年2月には一時18・5倍にまで達した。

これは2016年11月にドナルド・トランプ氏が大統領に当選し、減税などの景気対策を打つとの期待が先行しすぎて、ずっと株価が買われすぎたのだと考えている。

その修正（株価の正しい位置への復帰）が2018年2月以降生じ、株価が下落してPERが15～17倍の範囲に戻ったと解釈している。

それはさておき、2013年までは11～15倍を中心としていたPERが、2014年以降15～17倍が適正水準になったとすれば、米国でPERが上方にシフトするような構造的な変化が何かあったのだろうか。その謎を解くカギが、イールドレシオにあると言える。

2006年以降のイールドレシオを見ると（図表4－5）、0・55倍あたりでは買われすぎ、0・3倍を割れると売られすぎであるようだ。

**図表4-5　米S＆P500指数のイールドレシオ
（週平均、12カ月先予想ベース）**

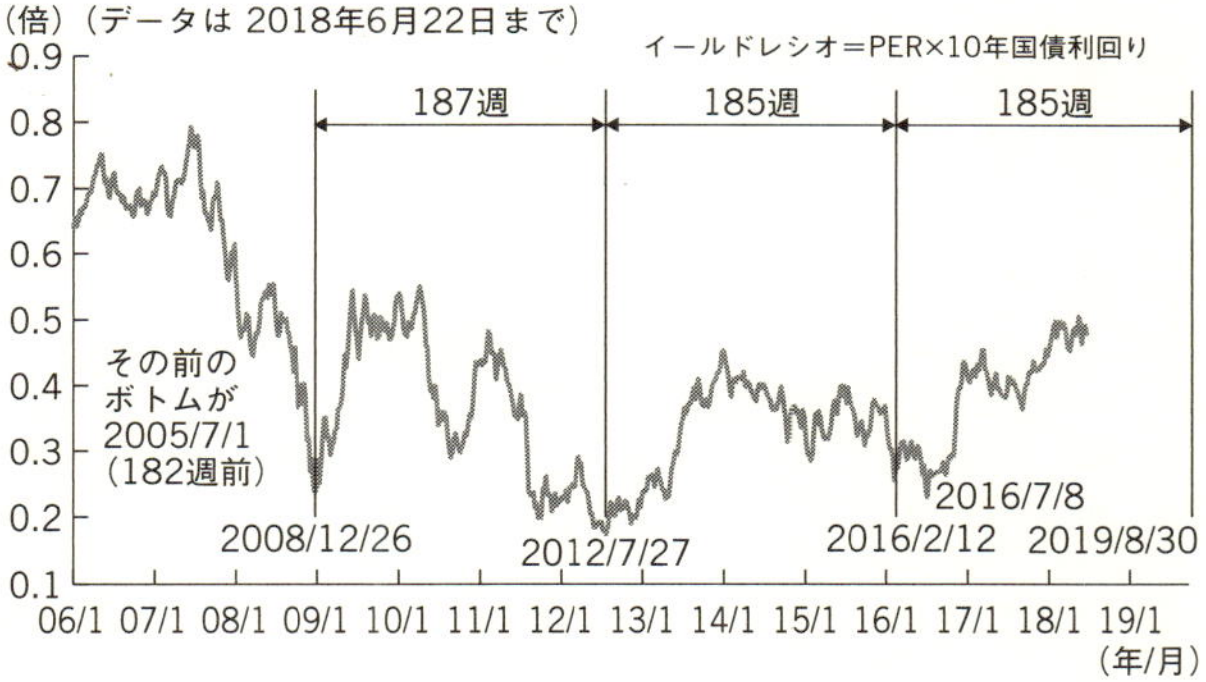

（出所）FactSetよりBdフルーレット作成

なお、ＰＥＲで見ると、２０１３年までと２０１４年以降で推移する水準が異なってしまっていたが、イールドレシオではそうした現象は見られない。つまり、ＰＥＲが２０１４年以降ずっと高いのは、長期金利がその時期ずっと低く、金利の低さに見合ったＰＥＲの上昇が生じていただけだ、と推察できる。ただ、それでも、２０１８年２月はイールドレシオが０・５倍に接近しており、前述のようなトランプ政権の経済政策に対する行きすぎた期待による株価の割高さは、若干ではあるが現れていた。

　別の割高な局面としては、２００６～２００７年のリーマンショック前の時期には、イールドレシオが主に0・7倍前後で買われすぎだった（金利の高さを相殺するほどの益回りの上昇がなかった、すなわちPERの低下が不十分だった）と言える。

ところで、イールドレシオが逆に0・3倍を割れて株価が割安になった局面が、グラフでは三つある。株価が割安になった、ということは、何らかの悲観的な見方が市場で支配的になって株式が大きく売り込まれた、とも言える。

その三つの時期とは、2008年12月、2012年7月、2016年2月であった。2008年はリーマンショック（2008年9月にリーマン・ブラザーズが破綻）の直後だった。2012年は欧州財政懸念が騒がれており、世界的に市場が混乱を見せていた。2016年は、中国の景気に対する疑念やエネルギー価格の下落が産油国経済に与える悪影響への懸念から、世界的に株価が下振れしたときだった。ただ、この最後の局面では、その少し後の2016年6月に英国でEU離脱を決定した国民投票が行われ、短期的にイールドレシオが下抜けている。

この英国のEU離脱を短期的なショックとして例外視し、三つのイールドレシオの底のタイミングを見ると、185~187週ずつ間が空いている。実は、2008年より前にさかのぼると、2005年7月がボトムとなっており、2008年のボトムまでの間が182週だ。さらにさかのぼると2002年10月で、その間は142週とやや短くなっている。

つまり、過去からぴったり同じ週ずつでイールドレシオが底入れするわけではないが、少なくとも2005年、2008年、2012年、2016年のイールドレシオの底は182～187週で現れてきた。

なぜこうしたリズムが生じてきたのかはまったくわからないし、今後も同様の周期が生じるのかもわからない。ただ、最近の2016年2月から185週目は、2019年8月に当たる。その時、米国にとって、何か悲観的なことが起こっているのだろうか。

「バフェット指標」とその限界

PERは企業の株価と利益を比べよう、というものであるが、株式市場全体の規模と経済全体の規模を比べて割高か割安か考えよう、という発想も自然だ。

実はこの指標は「バフェット指標」と呼ばれ、米国の著名な投資家である、ウォーレン・バフェット氏が活用していると言われている。ただ筆者は、本当にバフェット氏がこのデータを重視しているのかは知らないし、少なくともバフェット指標と広く呼ばれる前に、市場と経済の規模を比率として比べよう、という分析は見たことがある。

それはさておき、バフェット指標は、

バフェット指標　＝　ある国の株式市場の時価総額合計　÷　その国の名目ＧＤＰ

で求められる。

ＧＤＰは、一つの国の経済活動全般を測る統計で、「名目」というのは経済活動をそのまま金額で測ったもの、と理解すればよい。これに対し、「実質」ＧＤＰは、経済活動を数や量で測ったものに近く、この実質ＧＤＰの伸びが第2章で解説した実質経済成長率だ。

さて、前述のバフェット指標はＰＥＲと似ており、この数値が高いと経済規模に比べて株式市場の規模が多額すぎる（株価が高すぎる）といった判断になる。

日米のバフェット指標を図表４－６に示すが、日本ではバブルのピークの１９８９年にかけて比率がかなり上振れしており、やはりバブル期は株価が買われすぎだったということが確認できる。

ただ、このバフェット指標の有用性については、筆者はやや疑問視している。

図表4-6　日米の株式時価総額÷名目GDP比率

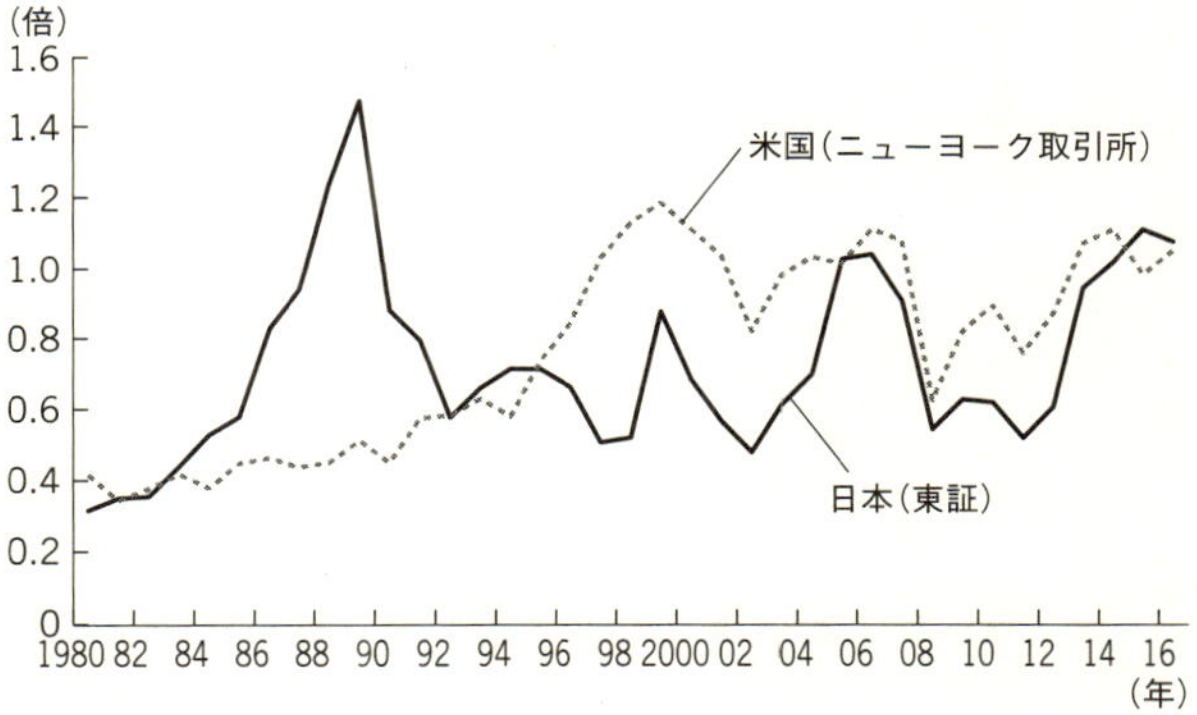

（出所）各種データよりBdフルーレット作成

たとえば、日米ともに、以前（たとえば１９８０年代）より近年のほうが比率が高めで推移している（ただし、日本のバブル期は除く）。日本も米国も、株価は近年はずっと買われすぎかと言えば、そんなことはないだろう。なぜバフェット指標が長期的には上昇傾向かと言えば、だんだん株式市場の経済における比重（役割）が増して上場・公開しようという企業が増えてきている、ということの表れなのではないか。

また、別の論点を持ち出すと、グローバル化によって、一つの国の企業が他の国で大いに活動して収益をあげることが多くなってきている。日本から輸出して他国から収益をあげる、というやり方は、日本企業の収益にもＧＤＰにも反映されるが、現地に進出して法人を作り、そこで生産をしたり営業をしたりといった企業の活動は、企業収益には反映されてもＧＤＰ統計では考慮されない。

このため、企業のグローバル化が進むと、日本の株式市場の時価総額は日本企業が海外での収益を増やすため膨らんでいっても、その分がＧＤＰ統計に乗らず、バフェット指標は上昇するばかりとなってしまい、割高かどうかが判断できなくなるというわけだ。

ＲＯＥ８％はマジックナンバー？

このところ、ＲＯＥ（Return On Equity、自己資本利益率）という指標が注目されている。「自己資本」というのは、企業自身の資産、すなわち株主のものとなる資産のことで、ＰＢＲのところで説明した純資産（＝総資産－負債）と同じだ。

そこでＲＯＥは、

ＲＯＥ ＝ 利益 ÷ 純資産（自己資本）

で計算される。このＲＯＥの意味は、株主の物である資産（資金）を使ってどのくらいの収益をあげているか、という観点での企業の収益力だ。ＲＯＥが高いほど株主から預かった資産を効率的に利益に結びつけている、とも言える。

このＲＯＥの計算式には株価が入っていないので、ＲＯＥは「投資尺度」、すなわち株価の割高や割安を判断するための数値ではない。しかし、企業があげた利益は、株主に配当するか、配当しなかった分は自己資本に積み上がってやはり株主の資産となる。そのため、ＲＯＥが高い企業は配当が期待できる、あるいは株主の資産が急速に増加していく企業として、有望な投資対象だと考える投資家が多い。

ところで、ＲＯＥが低い企業と高い企業を比べた場合、あるいはＲＯＥが低い企業の利益が増えてＲＯＥが上がっていく場合に、８％を境にしてそれよりＲＯＥが高まると株価がぐっと上昇する傾向があると言われている。そうした分析は、かつて「日本経済新聞」でも紹介された。

そうした分析を目にすると、「ＲＯＥが８％を下回っている企業はたいしたことないが、８％を超えた瞬間に素晴らしい企業に変貌するのではないか」と思ってしまっても不思議はない。

図表4-7　EPSと株価の関係

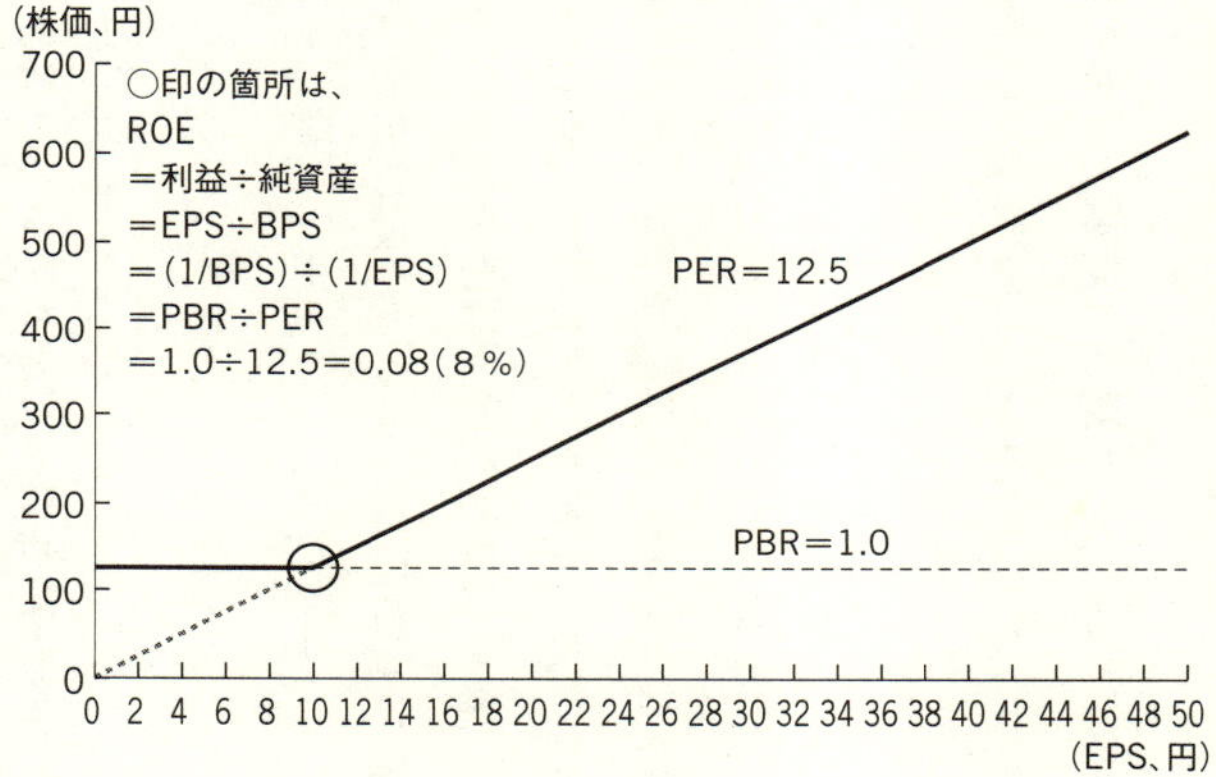

本当にそうなのだろうか。

図表４－７は、企業の利益や純資産と株価の関係を示したものだ。横軸がＥＰＳ、縦軸が株価だ。左下から右上に伸びている線があるが、これはある企業のＰＥＲが一定値であることを表している。

仮にこの線がＰＥＲ＝12・5倍で、そのＰＥＲが適正値だとしよう。すると、この企業のＥＰＳが増えていくと、その分だけ株価が上がっていく（斜めの線を右上に向かって上がっていく）ということになる。

では、逆に利益がどんどん減っていくとしよう。もちろん、その分だけ株価が下がるはずだが、利益がゼロになったら株価はゼロになるだろうか。もっと極端に、利益が赤字になったら、株価はマイナスになるだろうか。そうはならない。なぜかと言えば、企業はある程度の額の純資産を持っている。まれに債務超過、つまり純資産がマイナスになることはあるが、それを例外とすれば、ある水準のプラスのＢＰＳがある。実際にはＰＢＲが１倍を割り込むことはあるが、ここでは理論を考えるとして、利益が減っていって株価が最初は下落していっても、ＰＢＲ＝１の線（図中の水平線）に突き当たると、そこから先は、利益が減っても純資産の価値に支えられて株価は下がらなくなるはずだ。

斜めの線と水平の線の交点を○印で示している。その○印より右側は、ＰＢＲは１より大きくなる。では、ＰＢＲで見て割高かと言えばそうではなく、純資産ではなく利益が株価を支えている状態だ。

逆に○印より左側は、ＰＥＲは12・5倍（適正水準）より高くなる（水平線上のある点と原点を結んで斜めの線を引くと、角度が急になる）。これは、ＰＥＲで見て株価が割高かと言えばそうではなく、利益ではなく純資産が株価を支持している状態だと考えられる。

この○印に株価や利益が位置するときにＲＯＥがいくらになるかを計算すると、図中に示してあるように8％になる。したがって、○印よりEPSが少ない（ROEが8％より低い）場合は、利益が多少増えても株価が上がらないが、○印よりEPSが多い（ROEが8％より高い）状態になったとたんに利益が増えることが株価を押し上げることになる。

つまり、ROEが8％より上か下か、というのは、企業がそこを境に大いに変貌する「マジックナンバー」というわけではなく、単に多くの企業で適正なPERが12・5倍くらいだ、ということに過ぎないと考える。

市場全体が上がるとき、高ROE銘柄は劣後する

さて、述べてきたように、ROEが高い企業の場合、配当金が多く支払われると期待され、また純資産の増加スピードが速いと見込まれることから投資対象として有望だ、という考え方がある。

では、ROEが高い企業の株価の上昇率は、ROEが低い企業の株価上昇率を常に上回っているのだろうか。利益率が高いのだから、極めて長期的にはそうなっていてもおかしくない。しかし数カ月、数年単位ではどうだろうか。

実は、ＪＰＸ日経インデックス４００という株価指数がある。これは日本取引所グループ／東京証券取引所と日本経済新聞社で共同開発されたものだが、名前のとおり、４００の銘柄の株価から計算されたものだ。４００の銘柄として取り上げられるには様々な選定基準があるが、そのなかに「３年間平均のＲＯＥ」が高い銘柄というものがある。

すべての選定基準については、日本取引所グループのホームページ

https://www.jpx.co.jp/markets/indices/jpx-nikkei400/

に掲載されているが、ＪＰＸ日経４００は、比較的ＲＯＥが高い銘柄の株価から計算された指数、と判断できる。

ここで、東証一部全体の株価の動きを見るためにＴＯＰＩＸを取り、そのグラフにＪＰＸ日経４００をＴＯＰＩＸで割った比率を重ねてみよう（図表４－８）。すると、両方の線がおおむね逆に動く傾向が強いことがわかる。

つまり、株式市場全体（ＴＯＰＩＸ）が上昇するときは、ＪＰＸ日経４００（つまり、ＲＯＥが高い銘柄群の株価）はあまり上がらず（その結果として比率は低下し）、逆に市場全体が下落するときは、ＪＰＸ日経４００はあまり下がらない（そのため比率は上昇する）、

図表4-8　JPX日経400指数とTOPIXとの関係

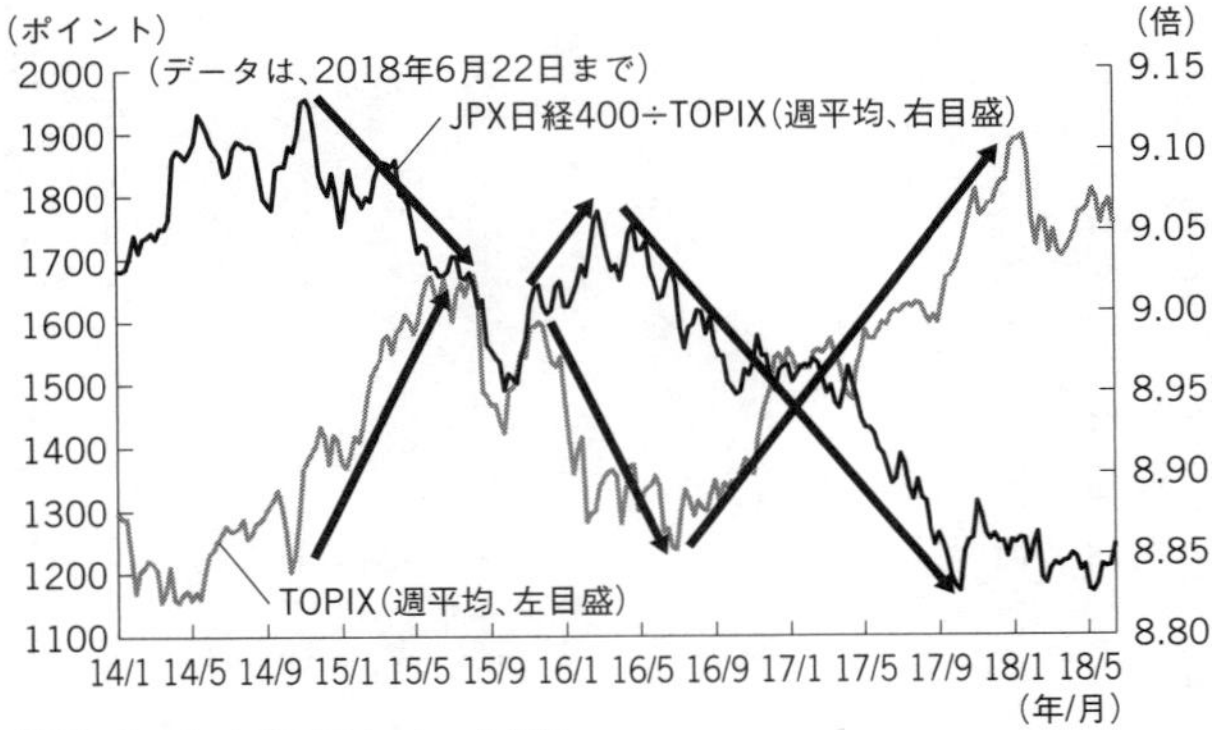

(出所) FactSetよりBdフルーレット作成

ということになる。

こうなるのは当然で、ＲＯＥが高い企業は、利益率が高い企業、つまり優良な企業だ。株式市場全体が下落するときは、「寄らば大樹の陰」とばかりに安心できる利益率が高い企業に資金が集まり、ＲＯＥが高い銘柄の株価は比較的下がらない。

しかし、たとえば景気が回復し株式市況全体が上がるときは、「優良な会社がやっぱり優良だ」となれば驚きがないので、ＲＯＥが高い企業の株価はそれほど上昇しにくい。一方、ＲＯＥが低かった、これまで見向きもされなかった銘柄は、「なんと！　ひどいと思っていた企業が結構立ち直ってきた」と投資家が驚き、株価が上振れしやすい。

つまり、ROEが高い企業の株価はいわゆる「大化け」はしにくいので、短期的な株価の上振れを狙う投資には向いていない。一方、高ROEの企業の株価は、極めて長期的には上昇力があると期待でき逆境のときに株価が下落しにくいので、長期投資で保有するには適していると考えられる。

銘柄スクリーニングを鵜呑みにしてはいけない

以上、PER、PBRなど、株価の割高・割安を判断する投資尺度や、ROEといった別の角度からのデータを紹介してきた。これらの数値は、個別の銘柄にも市場全体にも、適用できるものが多かった（バフェット指標は市場全体のみ）。

こうしたデータに加えて、個別に有望な銘柄を探し出す場合には、「配当金が多くもらえるほうがよいので、配当利回り〈年間配当金÷株価〉が高いものがよい」、あるいは「増益率（利益の前年比）が高い企業に投資したい」など、様々なデータに基づく投資が思い浮かぶだろう。

こうした考えに基づいて、一つのデータで銘柄を並べてみたり（ランキング）、複数のデータで範囲を絞り込んで銘柄を選び出したり（スクリーニング）する、というのは、自分が投資する銘柄を考えるうえで有用だろう。

たとえば、一つのデータによるランキングであれば、先に紹介した「日経会社情報DIGITAL」

https://www.nikkei.com/nkd/

で、予想PERが低い順にランキングを見ることなどができる。もしくは、Yahoo!ファイナンスのなかで様々な指標のランキングを試すことも可能だ。

https://info.finance.yahoo.co.jp/ranking/?kd=1&tm=d&mk=1

複数のデータを組み合わせて、スクリーニングを行うことは、たとえばDZHフィナンシャルリサーチの「トレーダーズ・ウエブ」でできる。

https://www.traders.co.jp/domestic_stocks/invest_tool/screening/screening_top.asp

あるいは、証券会社に口座があれば、ログインした後のサイトで、こうしたスクリーニングサービスを使えることが多い。

ただし、こうして何らかのデータでスクリーニングして投資すれば必ず儲かる、というほど甘くはない。というのは、こうしたランキングやスクリーニングは「機械的」なものであるためだ。

たとえば、ずっと利益が減り続けてきた企業がある決算期にたまたまポンと利益が跳ね戻ると、増益率ランキングの上位に入ってくることがある。しかしそれは1年だけのことで、増益に持続力がなければ、決して魅力的な銘柄とは言い難い。そもそも、そうしたデータの組み合わせだけで必ず儲かるのであれば、みながとっくにそうしているだろう。

ただ、上場している銘柄の数は多い。そこで、まず自分が重要だと考えるいくつかのデータでスクリーニングを行い、結果として得られた銘柄についてさらに様々な角度から調べてみる、というやり方がよいのではないだろうか。スクリーニングしてみると知らない企業名が出てきて、調べてみたらかなり有望な投資対象だった、スクリーニングしなかったらそうした企業を見つけることはできなかった、ということも起こるだろう。

つまり、スクリーニングの結果を鵜呑みにする、ということではなく、いろいろな調査の入り口としてスクリーニングを使う、という方法がよいと考える。

コラム●グロース？ バリュー？ 投資スタイルとは何か

「投資スタイル」という言葉がある。明確な定義はないが、投資のやり方とか投資方針といった意味合いだ。個人でも投資スタイルはあるが、主に論じられるのは、投資信託（ファンド）などの運用機関の場合だ。

「何でもいいから儲けます」というのは、投資スタイルとは言い難い。たとえば株式投資の場合、「中小型の成長が期待できる企業に投資する」「社会貢献やダイバーシティ（多様性）推進などにも注力している企業の株式を中心に保有する」といったようなものだ。

このように、投資スタイルにはたくさんのものがあるが、グロース、バリューといった考え方がある。もちろん、この二つは代表的な投資スタイルの考え方に過ぎず、この二つに当てはまらない投資スタイルもたくさんある。

グロースは「成長株投資」と呼ばれるが、企業の実態、主として利益がずっと高成

図表4-9　グロースとバリュー

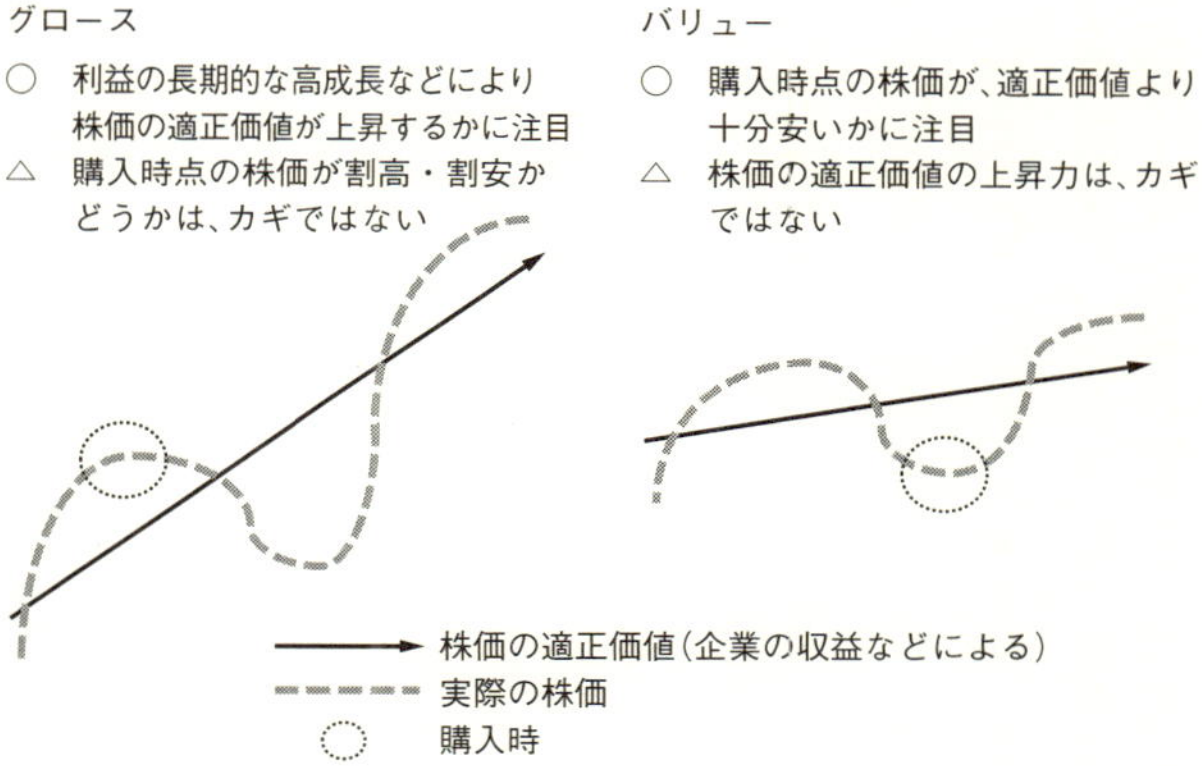
グロース
○　利益の長期的な高成長などにより株価の適正価値が上昇するかに注目
△　購入時点の株価が割高・割安かどうかは、カギではない
バリュー
○　購入時点の株価が、適正価値より十分安いかに注目
△　株価の適正価値の上昇力は、カギではない
株価の適正価値（企業の収益などによる）
実際の株価
購入時

長を続けると期待される企業に投資するものだ。利益が増え続けていくのであれば、株価の適正水準も上昇し続けていくと期待される。したがって、グロースの場合、今の株価が割高かどうかはあまり気にしない。多少割高であっても（図表4―9中の○印）、長期的には適正水準がはるかに上回っていくと考えられるからだ。

バリューは、企業の実態から考えられる適正価値に対して、今の株価が割安であると考えられる銘柄に投資するものだ。この場合は逆に、適正価値が今後どの程度上がっていくか（場合によっては下がっていくか）はあまり気にしない。大きく割安であれば（図表4－9中の○印）、適正価値が仮に長期的に下がっていっても、当面の割安さの解消で株価の上昇が期待されるからだ。

グロースやバリューの投資家が実際に何のデータで利益成長率や割安さを判断しているかは、それぞれの投資家によって異なり共通項はない。たとえば、ＰＢＲが低いことは割安さを示す一つのデータだが、大多数のバリュー投資家はもっと複雑なデータを用いて判断することが多い。

個人投資家にとっては、資金を投じようとしている株式ファンドが、グロースなのかバリューなのか、それとも他の投資スタイルに沿ったものなのかを知ることは重要だ。ところが、実際にはあまり気にしていないように懸念される。

そのことが実は、大きな問題を引き起こしかねないのだ。それは個人投資家とファンドの関係だけではなく、たとえば年金とその資金を運用する機関投資家の間でも生じることがある。この点は、第6章のコラム「スタイルドリフト」で論じたい。

第　5　章

市場分析の根幹と使い分け

この章では、市場動向を分析するうえで、そもそもどういった手法があるのか、その大元について述べる。また、そのすべてを展望することはもちろんできないが、このところ話題になっているＡＩ（人工知能）による分析や資産運用の有効性についても、現在考えていることを雑感としてごく簡単に述べる。

ファンダメンタルズ分析の思想

ファンダメンタルズ分析についてはすでに第1章で述べたが、筆者が主として行っている市場分析はほとんどがファンダメンタルズ分析だ。

これも第1章で解説したように、「ファンダメンタルズ」とは経済実態などの基礎的な条件を指す。このため、単に経済や企業収益の分析を通して株価や為替の見通しを考えることがファンダメンタルズ分析だ、という理解があるようだが、そういったとらえ方は一面にすぎないと感じる。

やはりファンダメンタルズ分析の根幹は、経済などから推し測ることのできる株価や為替の適正価値が存在する、という思想にあると考える。そして、その適正価値が中長期的にはどのように推移していくと予想するのかで、長い目で見た市場予測を構築する。一方で、現在の市況が適正価値に対して上にあるのか下にあるのかといった分析から、短期的な市況動向を予想する。

こうした適正価値の大きな方向性と現時点での市況と適正価値のギャップ、という物事のとらえ方は、第4章のコラムで述べたバリューとグロースという投資スタイルの根幹をなす考え方ともなっている。

ファンダメンタルズ分析の最大の弱点

もちろん、ファンダメンタルズ分析には欠点もある。特に筆者が感じるのは、経済などの動きではない市況の動き、つまり投資家心理の根拠を欠いた楽観や悲観、一部投資家の投機的な売買などにより、適正価値から市況が上振れしたり下振れしたりすることはほぼ見通せない、ということだ。

投資家心理が何となく楽観に行きすぎること（たとえば、日銀が大規模な緩和をするとバブルになる、と誤って思い込んでしまう、など）によって、株式市況が適正価値から上に離れた「後」であれば、株価が買われすぎである、したがって先行き下落する恐れが高い、といった予測ができる。しかし、投資家の間に楽観が広がってしまう「前」に、「これから投資家が誤って楽観になるので、株価が上がるだろう」という見通しを立てることは、ファンダメンタルズ分析では難しい。

つまり、市場が間違った後にこれから正常に市場が戻るだろう、とは言えても、市場が間違う前にこれからどんな間違いをするのかは、ファンダメンタルズ分析では見通しにくいのである。

こうしたファンダメンタルズ分析の弱点は、おそらく分析の大きな前提である「投資家は最終的には（総体として）合理的な判断を行うので、市場価格は適正価値に収斂する」といった点にあるのだろう。つまり、投資家が非合理的な判断をどんどん進めると予測することは、根本的にファンダメンタルズ分析の能力外だということだ。

なお、さらに悩ましいのは、上や下に適正価値から離れた市場価格がすぐに適正価値に戻るかというと、投資家が楽観の上に楽観を重ね、悲観の上に悲観を積み上げていって、さらに適正価値から離れていく、ということがしばしば起こる。しかも、そうした現象が数日や数週間で終わるかと言えば、数カ月や場合によっては数年続くこともある。

一番端的な例は、日本における1989年末にかけての株式バブルだろう。当時は、1989年末にいきなりバブルになったわけではなく、たとえば1988年末時点でも、株価は適正価値からはるかに高かったと推察される。

そこで1988年12月に、「日本株はあまりにも高すぎる。いずれ大きく下落するに違いない」というレポートを書いたアナリストがいたとすれば、現在の人たちからは、高く評価されただろう。しかし、1989年を通じて株価は大いに上昇したから、その1年間はそのアナリストは「見通しが大外れだ」と酷評されただろう。

このように、ファンダメンタルズ分析は、特に期間が短い市場動向について、常に見通しが的確に当たるとは限らない、という弱点を抱えている。しかし、その分析者の見解が的確であれば、中長期的な指針としては極めて有用だと考える。

専門家の真贋を見極めるのに有効な局面とは

また、ファンダメンタルズ分析を行っていると語る専門家に本当に実力があるかないかを見極めるのに、市況が適正価値から離れていく局面が役に立つ。市況の上振れや下振れが続くと、市場の動きに振り回されて右往左往し、市況に合わせて見通しを盛んに変更する専門家が多い。

市況が上がれば見通しを上方修正するのであれば、専門家でなくてもできることだと言えよう。また、景気が悪い、だから株価が下がる、という見通しを打ち出していたのに、しばらく株価が上がるといきなり景気がよくなったことにしてしまう、という専門家もいるようだ。

頑固に見解を変えないのも、本当に経済動向などが変貌した場合に対応できないため問題だが、多くの投資家と一緒になって上へ下へとあわてふためいているようであれば、専門家としては失格だと言えるだろう。そうした専門家とは言えない人を選別する「ふるい」が、実態から離れる市場変動が続くことなのかもしれない。

テクニカル分析の使いどころ

ファンダメンタルズ分析とは異なる手法で、テクニカル分析がある。これは株価なり為替相場なりの値動きそのものから、先行きの市況を予測するやり方だ。また、価格だけではなく、出来高（売買高、売買代金）などを含めて分析する手法もある。

筆者はテクニカル分析の専門家ではないので、ここから先の話は割り引いて読んでいただきたいが、テクニカル分析の考え方は次のようなものだと理解している。

経済実態や企業収益などの経済環境面だけではなく、需給（株式や為替などの投資家の売り買い）や心理（投資家の悲観や楽観など）といったすべての要因が反映されて、市場価格が形成されている。したがって、価格を分析すればすべての要因を分析していることになる、というものだ。

テクニカル分析には、広く一般的に用いられており、ネット上で見ることができるものもある。一方、特定の専門家が独自に開発し、有料でないと使えないものもある。また、単純に数値データから判断するのではなく、チャート（価格を描いたグラフ）の形状などから考察するやり方もあり、同じチャートでも読み手によって結論が違ってくる場合もあると聞く。

テクニカル分析の専門家でも、ファンダメンタルズ分析を理解して市況を判断していることが多いし、その逆に、ファンダメンタルズ分析の専門家でテクニカル分析の手法を援用していることも多々あると思う。

ファンダメンタルズ分析のところで述べたように、同分析では、適正価値から市況が買われすぎあるいは売られすぎになり、それがさらに行きすぎる局面では、いつかは適正価値に市況が戻るとは予想できても、戻る前にどこまでいつまで行きすぎるのかの予想はかなり難しい。テクニカル分析は、それに対してある程度の回答（的中するかどうかは別として）を提示することができるように思われる。

クオンツ分析と他の手法との違い

クオンツ分析は、コンピュータープログラムを使って様々なデータを分析するものだ。ファンダメンタルズ分析もテクニカル分析もある程度の量のデータは取り扱うので、その面ではクオンツと言えなくはないが、わざわざクオンツ分析と言う場合は、大量のデータを処理するものを指すことが一般的だ。

また、その裏側には、単純にデータを処理するだけ、というニュアンスが「クオンツ分析」という言い方にあるように思われる。つまり、良くも悪くも「人の判断を差しはさまない」

という意味合いが「クオンツ」につきまとっている。

よく「この株価の大幅な下落は、クオンツファンドによるものだ」という言い方がされるが、それは、コンピューターがデータを処理して「売り」という結論が出れば、その結論を人が歪めることなく、そのまま機械的に売りを行っているような投資家の売りだ、というニュアンスで語られていることが多いと感じる。

そういった言い方がされる背景には、「人間の判断ではここは売りではないはずだが、クオンツファンドという怪しい投機筋が理不尽に売っている。そのため本来上昇するはずの自分の持ち株の株価が上がらない」という一般投資家の憤懣《ふんまん》があるように思われる。

それはさておき、クオンツ分析と言いながらも、本質はファンダメンタルズ分析やテクニカル分析、あるいはその両者を合わせたものであることが多い。たとえば全銘柄の財務データを大量に取得し、それと株価の関係から生み出された分析は、考え方としてファンダメンタルズ分析と言える。あるいは、過去の株価のパターンを大量に収集して分析するのはテクニカル分析でもあると言えるだろう。その両者を組み合わせることもあるだろう。

ただし、様々な新しいタイプのクオンツ分析が登場しており、ファンダメンタルズ分析ともテクニカル分析とも言えないものが現れている。たとえば、ネット上で特定の語句を検索し、その語句数の増減で売り買いしているファンドがあると言われている。「日銀の追加緩和」という語句がネット上に増えれば、日本株を買って円を売る、といったような具合だ。

ＡＩが市場予測を変える可能性

クオンツ分析という範囲からはみ出して、ＡＩ（人工知能）が市場分析や経済・企業分析、資産運用を変えていく可能性は極めて大きいと考える。

すでにメディアにおいて、企業の決算発表を受けたニュース記事をＡＩに書かせているケースがある。こうした記事は、ある程度は企業の決算短信の語句を組み合わせて書くという定型的な部分が多くありながら、かと言ってまったく機械的な文章の切り貼りでは奇妙な文面になりかねないため、ＡＩ登場前のシステムに任せることは難しかった。

それが、ＡＩを使うことによって、人が読んでもおかしく感じない記事を人手なしに作成することができるようになったと言える（とは言っても、最終的には人が記事原稿をチェックしているとは思うが）。

このように、以前からかなり「機械的に」できる作業ではあるが、それでも人間による判断が少しは必要だった、という分野を、まずＡＩが置き換えていくのだろう。第2章で、「イベント中心主義」に対する批判を行ったが、米雇用統計の発表前に「市況は統計発表待ちの様子見です」くらいしかコメントできない専門家は、それほど時間がかからずにＡＩに駆逐されるものと期待している。

こうした極端な例は別としても、もともと誰でもできるような分析を行っているだけの専門家は、徐々に居場所がなくなるかもしれない。

運用の世界では、ＡＩによる運用が人間による運用を上回るのではないか、という見通し（期待？ 懸念？）を持つ向きもあるようだ。ただ、それが本当だとして、すべてがＡＩによる運用になれば、過去とは投資家の売買動向が変化し価格の振る舞いも変わりうる。すると、ＡＩによる運用が通用しにくくなり、再度、人が運用するファンドの優位性が復活するかもしれない。そうして人の運用が盛り返せば、またＡＩ運用のチャンスが訪れ、するとその後人間の運用が……、と堂々巡りになりそうな気もする。

ＡＩの特徴はディープラーニングにある。つまり、人が「これこれこういう風に考えて分析しなさい」という指示を与えなくても、大量のデータ（チャートのパターン認識や文字情報も含む）から自分で試行錯誤をして学んでいく、ということだ。結果として、人が思いもつかなかったようなデータと市況の関係性を見出すかもしれないし、人がロジックを理解できないような売買判断や市況予測が出てくることもあるだろう。

ただ、こうしたＡＩが人の判断に完全に取って代わるわけではなく、ＡＩをツールの一つ（もしくはアシスタント）として、高度で柔軟な判断ができる真の専門家が仕事をする、ということになるのではないか。

以上は、ＡＩの専門家でも何でもない筆者の雑感にすぎない。

ＡＩファンドを警戒すべき理由

ＡＩを運用に使うと、もしかすると素晴らしい成績をあげるかもしれない、ということは述べた。また、その結果、ＡＩによる運用が普及すれば、市況の振る舞いが過去と変化し、ＡＩの成績が悪くなることがありうる、とも指摘した。であれば、素晴らしい運用ができるＡＩを開発したら、それは周囲に隠しておいて、ひそかに自分の資産だけを増やしていけばよいことになる。

ということは、「当社のＡＩによる運用は、過去の成績を見るととても素晴らしいです。ぜひ当社のＡＩファンドを買ってみませんか（あるいは当社に資金を預けてみませんか）」という運用会社があれば、そのＡＩは、実は隠しておきたいほど素晴らしいものではない、と言えるのかもしれない。

とても意地悪な言い方をしたが、百歩譲って、あるＡＩファンドの過去の成績が極めて素晴らしいものだとしても、同種のＡＩファンドを他社が開発することが可能なら、すぐに埋没すると考えられる。そこで、他社に同種のものを開発されることを防ごうと、どういう運用をしているかをすべて秘密にすることもありうるだろう。とすると、そこに資金を預ける（ファンドを購入する）投資家は、何をどうやって運用しているか、まったくわからないものに資金を委託するわけだ。

不安ではないのか。あるいは、本当にＡＩが運用しているのかどうか、確認できるのだろうか。ＡＩが運用しているとてっきり思い込んでいたら、実は箱に入ったおじさんが売り買いしていた、ということがない、というのはどうやって証明できるのか。

こうした諸点を考えると、「ＡＩによる素晴らしい運用」というのは、運用会社や金融機関が投資家を誘引するための、一種の販促ツール（広告宣伝のためのキャッチフレーズ）にすぎない可能性が排除できない。もちろん真っ当なＡＩファンドも多くあるだろうが、投資家としてはまず警戒的に臨むべきだろうと考えている。

第 6 章

機関投資家の胸のうち

この章では、内外の機関投資家、特に外国人投資家の売買行動などをどう理解すればよいかを解説する。外国人投資家については、日本国内でよく語られたり報じられたりしていることと、実態との間にかなりのギャップがあるように感じられるので、その点も説明したい。

日本の株式市場は新興国並み？

日本株の市況ニュースを読むと、外国人投資家の売買動向について触れられていることが多い。今日株価が上がったのは、海外勢が買ったからだとか、海外投資家の売りで下がった、といったようなものだ。

それだけ外国人投資家が注目されるのは、当然とも言える部分がある。東証一部の日々の売買代金のうち、海外投資家がどのくらいの比率を占めるかを見ると（図表6－1）、もちろん日によって異なるが6割前後と高い。

取引所の調査では、海外法人等の日本の株式保有比率（金額ベース）はおおむね3割なので、保有株の割合に比べて売買が活発であると言える。この点で国内株価の動向を見るうえで、海外投資家の動きが注目されているわけだ。

図表6-1　外国人投資家の売買代金シェア（東証一部）

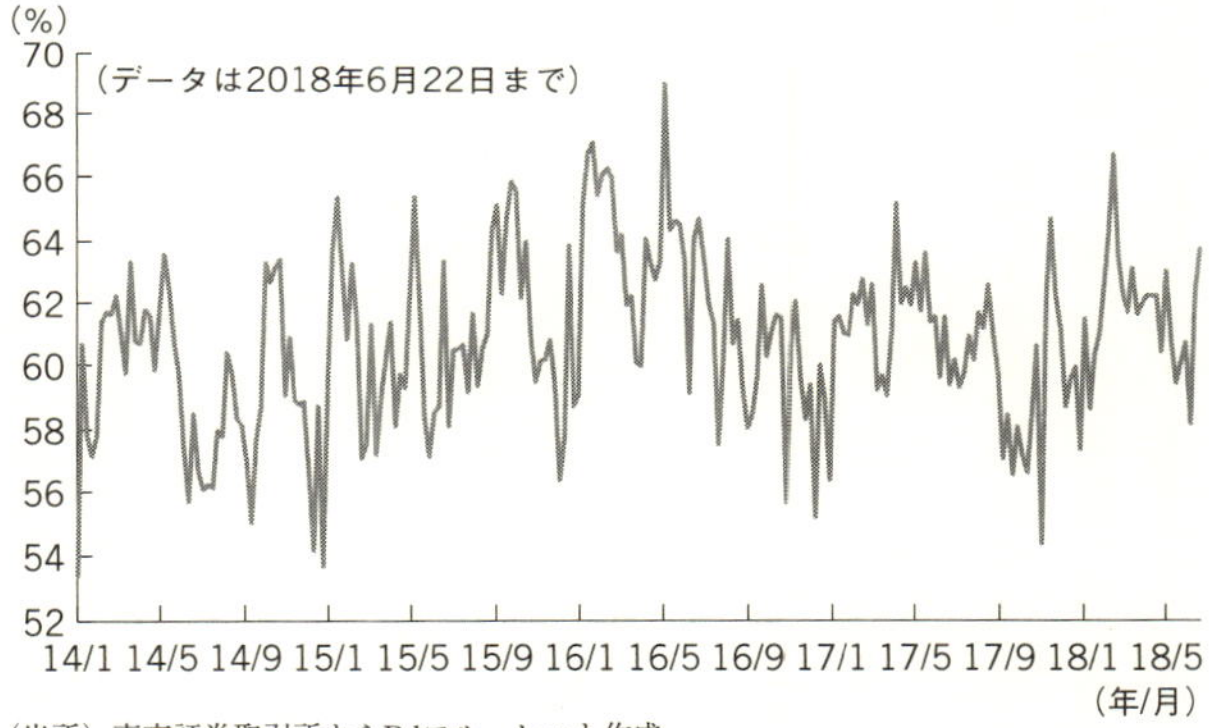

（出所）東京証券取引所からBdフルーレット作成

ただし、海外投資家の売買には、ＨＦＴ（High Frequency Trading）と呼ばれる高速取引が含まれている。これは、極めて短い時間に株式を売買し、薄い売買益を大量に積み上げていくものだ。これは一方的に買い続ける、あるいは売り続けるというものではなく、買ったとたんに売り戻す、という売買手法なので、株価の方向を上や下に決定づけるものではない。

ＨＦＴはさておき、全般的には外国人投資家の売り買いが国内株式市況に影響する、と考えられているわけだが、その点について、筆者は海外投資家から、「日本は経済は先進国だが、株式市場はエマージング（新興国）だ」と指摘されることがある。

これは、日本の株式市場制度が遅れている、という意味ではなく、日本の投資家の影が薄く、海外投資家の売買に株価が振り回されている点がまるで他の新興諸国（エマージング諸国）の株式市場のようだ、という指摘だと言える。

その点で、日本で海外投資家の動向が注目されるのは、海外投資家の売買が多いためではなく、日本の投資家の売買が少ないためだとも言えるだろう。海外投資家が売ろうと買おうと、信念を持って、自分は買いだ、あるいは売りだ、と、時には海外投資家の方向に逆らってでも投資を行う国内投資家の層が厚ければ、海外投資家の売買動向がここまで注目されることもないのかもしれない。

外国人投資家のデータをどうやって取るか

外国人投資家の売買データは入手しやすい。

まず、証券取引所が、株数ベースと金額ベースで、外国人投資家を含むすべての投資家（日本の個人、銀行、保険会社、投資信託、等々）の週間と月間の売買高を公表している（前掲図表6−1の外国人投資家の売買シェアは、この週間のデータを使っている）。ただ、ここでの月間データは、きっちり月の初日から末日まではなく、週間データを4週あるいは5週、おおむね月に合わせて合計したものだ。

https://www.jpx.co.jp/markets/statistics-equities/investor-type/index.html

このデータは詳細だが、初めて見るとわかりにくい。要点が、たとえば「日本経済新聞」では毎週金曜日に掲載されるので、その記事を読んだほうが海外投資家の売買動向がつかみやすいと考える。

また、データを時系列でまとめたサイトも多い。「投資部門別売買動向」で検索するとヒットするので、それを見るのもよいだろう（ただし、それぞれのサイトの信頼性には、十分配慮されたい）。

財務省は、対内・対外証券投資を、株式と債券の両方で公表している。対内・対外とは、日本の投資家の海外投資額（対外）と海外投資家の国内投資額（対内）、という意味だ。

https://www.mof.go.jp/international_policy/reference/itn_transactions_in_securities/data.htm

なお、この取引所統計の海外投資家の株式売買額と、財務省統計の対内株式投資の売買額は必ずしも数値が一致しない。その理由には、売買金額を報告する対象となる会社が異なる、財務省の統計には取引所を通さない売買が含まれている、などがある。

詳細については、以下の財務省サイト

https://www.mof.go.jp/faq/statistics/12nd.html

に掲載されている。

外国人投資家は一人しかいない、わけはない

述べてきたように、売買高の多さから、外国人投資家の動向が注目されているわけではあるが、様々な報道や専門家の言説で、「外国人投資家の売り仕掛けだ」「外国人投資家が積極的に買いを入れている」といったように、あたかも「外国人投資家」というのは一人しかいないかのような言い方、あるいは全員いっせいに同じことをしている投資家であるといったような言い方がされているように感じる。

もちろん、そんなことはまったくなく、外国人投資家は多種多様だ。まず国が異なる。アジア諸国の超富裕層の個人投資家もいるし、意外と北欧、南欧には、いわゆる「仕手筋」っ

ぽい、値動きが激しい材料株を好む投資家が多い感触がある。

なお、国別の外国人投資家の動向についての報道を見る場合、欧州からの買いとされていても、その大元がたとえば中東産油国の資金で、その資金がロンドンにある投資顧問に運用を依頼しているため欧州からの買いとなって表れている、ということもあるので注意を要する。また、日本の年金などが、外資系の運用会社などに資金を委託すると、その売買が海外投資家としてカウントされることもある（そうした場合、「黒い目の外国人投資家」という言い方がされたことがある）。

加えて、外国人投資家のなかには、個人投資家もいれば、投資信託、年金などの機関投資家や、政府系ファンド（ＳＷＦ、Sovereign Wealth Fund、政府の資金を運用する）、中東産油国のいわゆる「オイルマネー」、後で詳しく述べるヘッジファンドなどがある。

また、海外投資家はすべて高度な専門家で、時代の先端を行く投資手法を駆使している、というイメージが強いかもしれない。そうした投資家も多くいるが、我々日本人がたとえば欧州株についてはややうといように、日本株の経験が浅い外国人投資家も多い。

このため、皆が同じことを考えているとか、同じように売買するとか、ましてや共謀して皆で「日本株を売り仕掛けている」ということはない。

では、なぜ外国人投資家がいっせいに売り浴びせて日本株の下落を演出しているかのような言い方がされるかと言えば、よく理由がわからないが株価が大きく下振れしたような局面では、「謎の外国人の売り」といった形で海外投資家が悪者にされていることも多いのではないだろうか。

外国人投資家は動向が注目されているだけに、話に尾ひれがついてしまうように感じている。

ヘッジファンドの運用手法の特徴

ヘッジファンドとは、公募投資信託のように幅広い層に呼びかけて資金を集めるのではなく、限られた数の投資家の資金を受託して運用する投資家を指す。少額あるいは顧客が少人数であるため、公募ファンドなどに比べると様々な規制を免除されている場合が多い。具体的にどのくらいの人数より少ないとどのような規制が免除されるか、については、国によって細かく異なっており、一概には言い難い。

ヘッジファンドの定義はこれだけだ。このため、一口に「ヘッジファンド」と言っても、様々な運用手法をとるファンドが含まれる。つまり、ヘッジファンドというものはこういう運用をする、という決まったものはない。ただ、一般的な投資信託などと同様な運用をしても、特徴を打ち出しにくく資金が集まりにくいため、通常とは異なるやり方をとっているものが多い。

そうした運用手法の中には、「マクロ」（各国の経済・政治情勢に合わせて運用を行う）、「イベントドリブン」（中央銀行の会合など注目されるイベントに合わせて短期的に賭ける）、「ロング・ショート」（株式の買いと売りを組み合わせ、株式市況全体が上がっても下がっても収益をあげることを目論む）などがある。

加えて、相対リターン（たとえば米S&P500指数を年5%上回る、など）よりも、絶対リターン（株価が上がっても下がっても年間5%収益をあげる、など）を掲げるファンドが多い印象だ。

年金などの長期投資家も、資金の一部をヘッジファンドに預託することがある。そうした長期投資家の動向は流行り廃りがあり、一時は「ヘッジファンドは手数料が高い割に運用成績が株価指数などを下回る」として資金を引きあげる局面もあった。それは、たとえば2017年4月5日付の日本経済新聞電子版の記事、「ヘッジファンドに陰り、資金流出11カ月で6・7兆円」で取り上げられたこともある。

https://www.nikkei.com/article/DGXLZO14964270V00C17A4EE9000/

外国人投資家が大型株中心に運用する背景

外国人投資家の日本株の主な運用対象は、大型株、すなわち時価総額（第4章参照）が大きな株だ。時価総額が大きい企業は、企業自体の規模も大きいことがほとんどで、トヨタ自動車、三菱UFJフィナンシャル・グループ、NTTなどが大型株だ。

通常、外国人投資家が大型株を中心に売買する背景には、いくつかの理由がある。たとえば大規模な年金などの場合、一つの銘柄に投資する金額が大きいので、小型株（時価総額が小さい株）に投資した場合、自分の買いで株価が上がってしまったり、売りで下がってしまったりする。結果として高値での買い、安値での売りとなりやすい。

また、我々日本人が、たとえば欧州の小さい会社のことをよく知らないように、海外投資家も日本の新興企業などはよくわからない。もちろん、小型株に投資しようと考えれば、財務データや調査レポートなどを入手して調べることはできる。しかし、実際に投資した経験がないと、株価の値動きの「性質」（たち）も勘所がなく、「頭ではわかっても腹に落ちない」という事態となって、売りも買いも自信を持ちにくい。

これに対し大型株の場合は、たとえばトヨタや任天堂がどんな業務を営んでいるかは、言われなくても知っているし、日本株投資にある程度経験があるファンドマネージャーであれば、何度も売り買いしており安心感がある。

ここで、近年の大型株指数と小型株指数の動きを比べてみよう。大型株指数、小型株指数というのは、東証一部上場銘柄について、東京証券取引所が区分して算出しているものだ。東証の定義は、時価総額が大きい上位100銘柄がおおむね大型株指数の対象となり（「おおむね」というのは、売買代金も選定条件になるので厳密な意味で上位100ではない、という意味）、次に時価総額が大きい400銘柄が中型株指数、それ以外が小型株指数の算出対象となる。厳密な大型、中型、小型の区分の定義は

https://www.jpx.co.jp/markets/indices/line-up/files/cal_12_size.pdf

図表6-2　2015年初以降の大型株÷小型株比率とTOPIXの推移

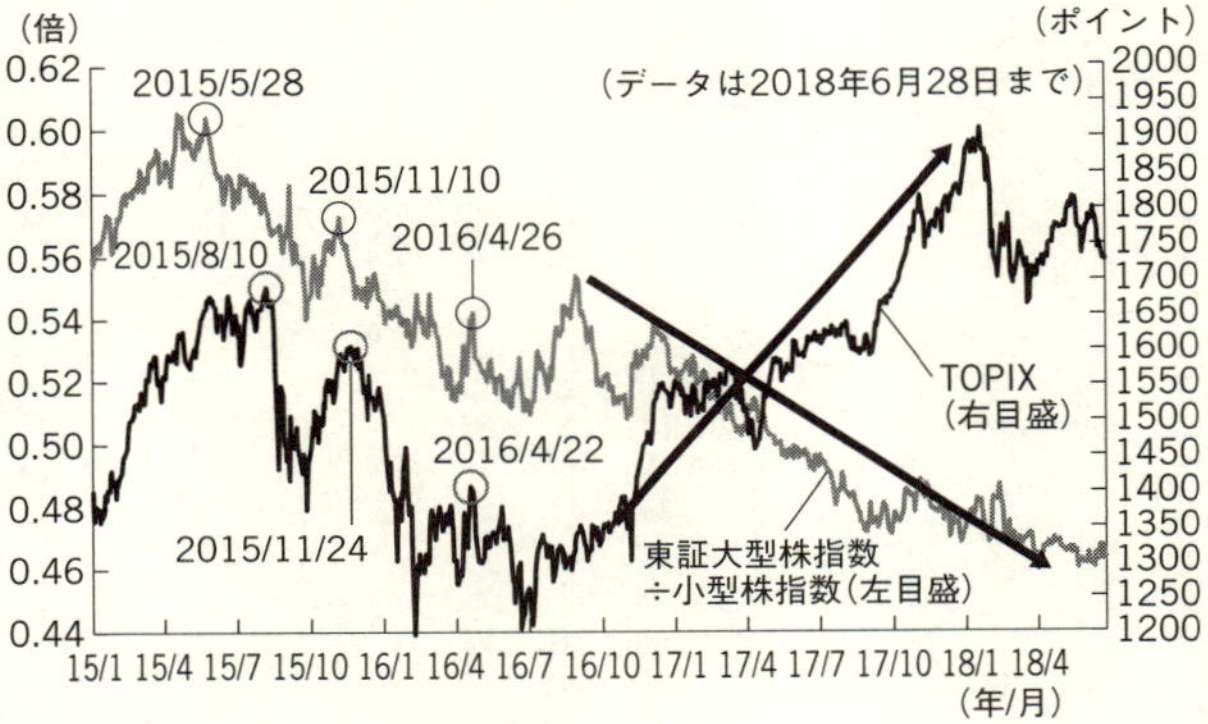

（出所）FactSetよりBdフルーレット作成

にある。

　ここで、大型株指数を小型株指数で割った比率を見てみよう。図表6－2の左側、つまり2016年半ばころまでは、この比率の動きと、東証一部全体の値動きを示すＴＯＰＩＸが並行的であったことがわかる。両者のピークに◯印と日付を付しているが、タイミングが大まかにそろっている。

　この並行的な推移の背景には、おそらく次のようなことが生じていたのだろう。すなわち、外国人投資家が日本株の買いを主導し株式市況全般を持ち上げたときは、大型株中心の買いになるため、小型株の株価より大型株の株価のほうが上がりやすい。結果として、相場全体

（TOPIX）の上昇と、大型株÷小型株比率の上昇がほぼ同時に生じた。

逆に、外国人投資家が日本株を売る際は、大型株が主に売られて両方のグラフが下に向かった、ということだと推察される。

小型株に注目する外国人投資家が増えている？

しかし2016年半ば以降は、両方のグラフの関係が薄れたどころか、長い期間、逆に進んだこともあった（矢印で示している）。この関係の変化には、国内投資家の動きがあると推察している。このところ、小型株の運用を得意とする投資信託が個人投資家の間で人気があり、個人の資金がそうした投資信託経由で小型株に流れ込み続けている可能性がある。

ただ、海外投資家も、これまでの大型株中心の運用から、若干ではあろうが小型株にも運用の比重を移しつつあるのではないか、とも考えている。そのように海外投資家が以前よりは日本の小型株運用を進める背景の一つは、一般論として、小型株のほうが利益の高い成長とそれにともなう株価の上昇が期待できることだ。大企業には（例外はあろうが）すでに成熟してしまった企業が多く、長期的な成長性という点では魅力が薄い。

別の観点では、以前の日本の高度成長期は日本経済全体が高成長していたので、大企業ですら利益が大きく伸びた。またバブル期は、株価の伸びが大企業でも高かった。それに対して現在は、日本全体の期待経済成長率が衰えたため、大型株投資が儲かりにくくなり、小型株に投資せざるをえなくなってきた、と皮肉な言い方もできる。

もう一点、外国人投資家が（日本株に限らないが）小型株に運用資金をシフトしている背景が指摘できる。それは、小型株の株価が、全体の株式相場とは別に、独自に動く性質があることだ。

大きい企業は、幅広い製品やサービスを手掛け、世界のあちこちの国で活動することが多いため、どうしても世界経済全般の動向との連動性が高い。したがって、世界の代表的な企業だけを株式として保有すると、互いの株価の共振性が強くなる傾向がある。

これに対して小さな企業の場合は、市場が小さい独自の製品やサービスで利益をあげている場合が比較的多いので、経済全般の動きと収益動向が必ずしも一致しない。このため、世界の株式市況全般と小型株の株価は、やや動きに乖離が生じるわけだ。

この点から、大型株だけに投資するよりも、小型株をあわせて保有するほうがリスク分散になる、という考え方が、海外の年金などの間に広がっているようだ。

年金の場合、最初に資金を、株式、債券、現金、代替資産（「オルタナティブ」と呼ばれる）に配分する。オルタナティブは、ヘッジファンドへの資金委託や不動産あるいは不動産証券などへの投資といった、従来型の証券投資ではないものを指す。足元では、代替資産に小型株を含める年金が増えているようだ。小型株は「株」なので、オルタナティブに含めるのは違和感も覚えるが、小型株が株式市況全般とは異なって動くことが期待されているのだろう。

なお、少し前で述べたように、外国人投資家にとって、著名な大企業ではない小型企業については、運用上、不安を覚えるものだ。このため、海外の年金などが小型株に資金を振り向ける場合は、自分で調査したり銘柄を選んだりするのではなく、小型株の運用を得意とする運用会社に任せることが多いようだ。

外国人投資家は本当にドル建て日経平均を重視しているのか

外国人投資家は、米ドルに換算した日経平均株価（ドル建て日経平均）を重視している、と主張する専門家が多い。たとえば、日経平均があまり上がっていなくても、円相場が対米ドルで上昇し、その結果として米ドル建て日経平均が以前の高値を上回っていればいったん利益確定のための売りを行う、などという解説をよく聞く。

もちろん、米国の投資家は、結局、米ドル建てに計算し直してどのくらいの損益が出たかを最終的に見るので、この解説はまったくの外れだとは思わない。しかし、外国人投資家が米ドル建て（欧州大陸の投資家の場合はユーロ建て）日経平均をじっとにらんで運用しているかのような言説は疑問だ。

というのは、実際に話を聞くと、日経平均やＴＯＰＩＸなどそのものを気にはしていても、米ドル建て換算値はあまり見ていない、という海外投資家の意見をよく耳にするからだ。そう語る投資家が多くいる、という背景は次の2点だと聞いている。

一つは、株価の変動率（特に個別銘柄の株価変動率）が円相場より大きいことが多いので、為替はあまり気にしない、という投資家の話を多く聞く。

もう一つは、大規模年金など組織が大きい場合には、日本株のファンドマネージャーと為替を担当するファンドマネージャーが別、ということもある。この場合は、日本株をいったん売って円の現金を増やすか、あるいは円の現金から日本株を買い増しするか、という判断だけを日本株のファンドマネージャーが行っており、円の総額での保有分について、為替先物などを使って円相場の変動にどう対応するかは為替のファンドマネージャーが考えている、という分業を行うことになる。

つまり、日本株のファンドマネージャーは、円高になるか円安になるかという見通し、あるいは米ドル建ての日経平均の動きなどとは関係なく、円で見た日経平均が上がるかどうかなどに基づき日本株を売買するわけだ。

このため、海外投資家のなかで米ドル建て日経平均などを注視している投資家がいることは事実だが、皆が皆それで日本株の売買を判断している、というのは当たっていないと感じる。

ちなみに、円建ての日経平均だけを見ている投資家でも、輸出株を買うか内需株を買うか、といった判断においては、円相場の先行きを考慮している、ということはもちろんある。

短期筋の先物売買vs長期筋の個別現物売買

さて、述べたように、外国人投資家の売買で日本の株式市況全般が動きやすいと言われている。ただ、外国人投資家は、個別の銘柄を売買するだけではない。短期で利益をあげようとする投資家（いわゆる短期筋、投機筋）は、株価指数先物の売買を活用する。この方法は、いちいち銘柄選定をせずに、手早く日本株全体の動向で儲けを目論むことができる。また先物の場合、少額の現金で大きな額の売買ができるため、短期間で大きな儲けを狙える（損失も大きくなりうるわけだが）といった理由がある。

株価指数先物は、日経平均でもＴＯＰＩＸでも存在するが、日経平均先物のほうが売買高が多いため、海外投機筋が大きく動いても自分の買いや売りで値段が動いてしまうことになりにくい。このため、海外投機筋が日本株に強気になった場合は、日経平均先物が買い上げられる傾向がある。

さらに、裁定取引という売買手法がある。これは、これまで述べてきたような背景により、海外短期筋が日経平均先物を買い上げると、日経平均の指数そのものが上がっていないの

図表6-3　NT倍率の推移

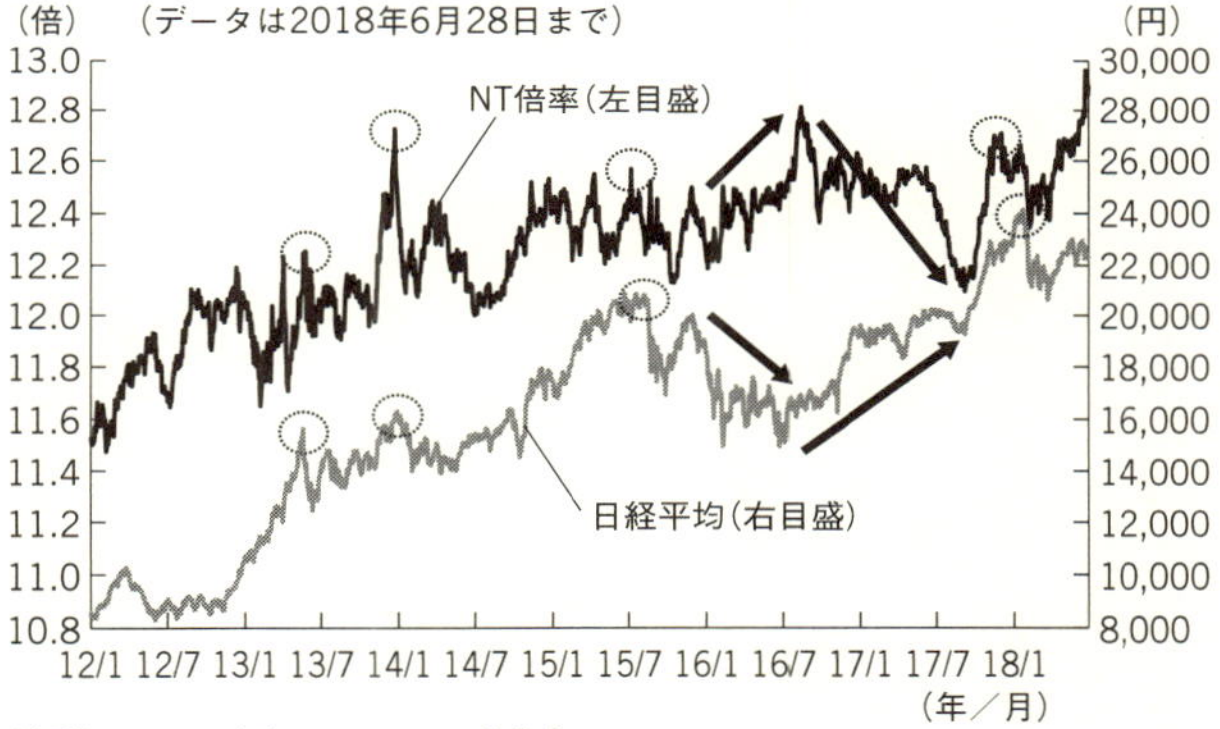

（出所）FactSet よりBdフルーレット作成

に、先物価格ばかりが買いで持ち上がることになる。そこで、割高になった先物を売って、同額の日経平均を買う（実際には、日経平均の計算対象である銘柄を買う）ことで儲けよう、という手法が裁定取引と呼ばれるものだ。

この裁定取引により、海外短期筋の日経平均先物買いによる先物価格上昇が、日経平均そのものの上昇に波及することになる。

ここで、NT倍率の動きを見てみよう（図表6－3）。NT倍率とは、日経平均（N）をTOPIX（T）で割った倍率ということだ。これと日経平均との動きを重ねてみると、両者のピーク（○印で示している）のタイミングが似ているなど並行的な動きをすることが多い。

これは、海外短期筋が積極的に動いて日経平均先物の売り買いを進め、そのため東証一部全体（ＴＯＰＩＸ）も動かされているが、それ以上に日経平均採用銘柄の株価の動きが大きくなっている、ということが多かったことを示している。

しかし、矢印で示しているように、そうした並行的な動きになっていない局面もある。こうした局面は、海外短期筋ではない投資家、つまり国内の個人投資家や機関投資家、海外長期筋などが値動きの主役になっていたことを示している。こうした投資家は、株価全般の方向性はもちろん気にはしているが、先物を中心に売買するというより、どの企業が有望なのかを踏まえて個別銘柄を主に売り買いする。

つまり、海外短期筋が目先の全体観で先物を売買するか、あるいは内外の長期投資家などが長い目で見た個別論で銘柄を売買するか、そのどちらが優勢かで、ＮＴ倍率と日経平均の関係が違ってくると言えるだろう。このことから、ＮＴ倍率の動きを見ていれば、今はどういった種類の投資家が主に日本株の動向を支配しているかもうかがい知ることができる。

日本の年金運用の実態は？

日本の年金の資産運用を考えると、最近増えている確定拠出型（掛け金が一定で、個人〈加入者〉が何で運用するかを決定し、損益も個人が引き受ける）は別として、確定給付型（年金の支給額が原則決まっている）の場合は、それぞれの運用の全体設計は、本来は年金組織自身の責任だ。つまり、掛け金を支払っている加入者と年金を受け取っている受給者の人数、その将来予測などに基づき、どういった資産で運用して、どのくらいのリスクでどのくらいの収益を目指すのかを計画しないといけない。

そのうえで、通常は、年金自身は、株式の銘柄選択など詳細については運用のプロではないので（一部、大規模年金で自家運用しているところもあるが）、運用会社（投資顧問会社や信託銀行など受託者と呼ばれる）に運用を委託することとなる。

この場合、本来は、「日本株でうまく運用してください。ではよろしくっ」という委託の仕方はありえない（はず）。委託者と受託者の間で、運用方針（ミッション）を取り決めることになる。

たとえば、運用対象は日本株で、TOPIXなどの主要な株価指数と連動するように運用する（こうしたやり方を、「インデックス運用」あるいは「日本株についてのパッシブ運用」と呼ぶ）、という委託の仕方がある。あるいは、運用会社が銘柄選択を行って、「1年間にTOPIXの上昇率を2％上回ることを目指して運用する」という委託の仕方もある（こうした銘柄を選択するやり方を「アクティブ運用」と呼ぶ）。どのような委託であってもミッションをきちんと決めるのが本筋だ。

運用会社は、ミッションを忠実に履行しているかだけに責任があるはずだ。たとえば、日本株が毎年2割ずつ下落し続け、ある年金が日本株にかなりの資産配分を行っていたため、目標としていた収益を稼げなかったとする。しかし、日本株の運用を委託した先の運用会社は、毎年TOPIXの変化率を5％上回る運用を行う、というミッションで受託していたところ、日本株の運用資産の下落が1割にとどまったとしよう。

この運用会社は、託された責務以上の素晴らしい好成績（TOPIXを10％上回っている）をあげたと言える。年金全体で目標とした収益が達成できなかったことは、年金自身の責任であって運用会社の責任ではない。

特に企業年金の場合、前述したように「詳細については」運用のプロではない、どころか、ほとんど運用がわかってない、ということも多いように感じる。これは、企業年金の場合、親許企業の人事部の福利厚生担当だった、という人が年金の理事長などに就く場合が多く、年金のトップに運用経験がない、ということも多々あるからだ（もちろん、外部の運用経験者を招聘することもある）。

すると、年金と受託側の運用機関の間でミッションを確認したはずなのに、株式市況全体が下落した際に、年金側が「全体相場が暴落しても、上がる銘柄だけを買うのがプロなのだ。こちらはそのために手数料を支払っているのだから」と言ってきたこともあると聞く。

あるいは、前述したインデックス運用の場合、株価指数に連動さえすればよいため、個々の企業を調べて売り買いを判断することを行わない。その分だけ、アクティブ運用に比べれば、運用会社が請求する運用手数料は安くなる。

ところが、時折、大企業が突然破綻し、その株価が暴落することがある。こうした際に年金が、「インデックス運用を行ってほしいが、破綻しそうな銘柄だけ事前に外せ」と言ってくることがあったようだ。そこで運用会社が、「そうしたご要望であればそうしますが、運用手数料はインデックスより高くなります」と答えたところ、年金側が「何を言ってるんだ。お前らはプロだから、つぶれそうな会社は事前に簡単にわかるだろう。ちょいちょいっとその銘柄だけ外せばいいのだ。そんな簡単なことに手数料など払えるか」とはねつけようとしたこともあったと聞いている。

こうしたとんでもない例は、筆者がだいぶ前に耳にしたことなので、今はさすがにそんなご無体なことを言ってくる年金などないと信じているが……。

コラム●スタイルドリフト。それは優れた柔軟性なのか、悪い漂流なのか

第4章のコラムで投資スタイルについて述べた。そうした投資スタイルの定義は明確ではないが、「投資方針」あるいは「投資哲学」といった概念と重なっている。投資スタイルには、第4章で述べたグロース、バリューや、直前の年金運用のところで取り上げたインデックスやアクティブなどが含まれる。この他にも、ESG（Environment、Social、Governance）投資（環境、社会、企業統治〈経営〉に配慮した会社に投資する）なども投資スタイルの一種と言えるだろう。

運用者の投資スタイルが、途中から何らかの理由で変わってしまうことを「スタイルドリフト」と呼ぶ。それはもちろん、その運用者に資金を預ける側からすれば、「約束違反」だと言える。それは、個人投資家とその資金を投資信託（ファンド）経由で預かる資産運用会社との間でも、直前で述べたような年金とその資金を受託する運用会社との間でも、同じようによくないことだ。成長株投資をしてくれると思って運用

を任せたのに、いつのまにか割安株投資になっていた、というのではたまったものではない。

ところが、そのスタイルドリフトを、運用会社側ではなく、投資家側（個人投資家、年金など）が「強いている」場合も多いように感じる。あるいは、運用会社側が投資家の顔色をうかがい、忖度してドリフトを起こすこともあると考えている。

たとえばグロース投資をうたった投資信託を考えると、ある局面においてはグロース株が全体相場を上回る株価上昇を見せることもあるし、逆に下回ることもある。グロース株が全般にさえないときは、グロース株運用を行っている投資信託は「正しく」成績が悪くならないといけない。

しかし、その投資信託を買った個人投資家が、「いつでも何があっても大いに儲けるのがプロだろう」と不平不満をぶつけてくることがある。本当は、グロース株運用が不利な局面が到来する前に、そうした運用を行う投資信託を選択した個人投資家の責任であるにもかかわらずだ。

「そんな理不尽な要求は、運用会社は平然とはねのければよいだろう」と思うかもしれないが、業者は顧客に弱いものだ。「こんなさえない運用をする投資信託は解約しよう」と資金が流出するのは困るので、運用会社は何とか成績を挽回しようとして、本来はグロース株とは言えないような銘柄を、無理にグロースであるという理屈をつけて買い入れたりすることになってしまう。その結果、今度はグロース株が優位である局面が到来したにもかかわらず、グロースとは言えない銘柄を組み入れてしまったために、本来勝つべきところで勝てなくなる、といった悲惨な事態も起こりかねない。

スタイルドリフトを、「株式市況の局面変化に応じて柔軟に対応している」と擁護する人もいるが、かえって運用成績を悪化させるばかりの漂流（ドリフト）になる恐れが強いと言える。

そうした「何でもいいから儲けろ。運用スタイルなど知ったことか」という要求が個人投資家から寄せられるだけではなく、個人投資家にその投資信託を販売した証券会社などから、「おたくの投資信託の成績が悪く、お客様から苦情が殺到している。何とかしろ！」というプレッシャーがかかることもあるだろう。

また、投資家や販売会社から何のクレームがなくても、クレームが来て解約が増えるのではないか、と考えた運用会社が「とにかく運用成績で勝たなければいけない」と忖度し、当初のスタイル（ミッション）から踏み外してしまうこともあるかもしれない。

本来は、運用者と投資家の間で、どのような運用スタイルなのかがきちんと意識的に共有されていなければいけない。年金とそれを直接受託する運用機関、あるいは、個人投資家と直販（間に販売会社を挟まない）投資信託の間でも、資金を委託する側（投資家側）の不勉強、無理解や何らかのコミュニケーション不足で、投資スタイルの共有が両者の間でできていない、ということは十分に起こりうる。

ましてや、間に第三者を挟む、たとえば投資信託の運用会社と個人投資家の間に銀行や証券会社などの販売会社が入る、ということになると、運用会社がきちんと運用スタイルを表明しているにもかかわらず、販売会社が「この投資信託は過去ずっと運用成績がいいんです！」ということばかりを前面に押し出したため、投資家が「何だかわからないが常に儲かるに決まっている投資信託なんだ」と誤解するケースもあるだろう。

その点では、最近の運用成績がよい、ということだけで資金が大いに集まっている投資信託の場合は、運用スタイルをまったく理解せずに、何となく儲かるに違いないと思い込んでその投資信託を購入している投資家が多い可能性がある。

そのため、一度その投資信託が運用成績の不振を引き起こしたとき（必ずしもその運用会社が悪いわけではなく、その投資スタイルが好成績をあげにくい相場付きのときを含む）は、多大な資金流出が発生したり、それを恐れた運用会社がいたずらなスタイルドリフトを起こしたりして、後々禍根を残すことが否定できないと言える（必ずそうした悪い事態に陥ると決まっているわけでもないが）。

第 7 章

情報を投資に活かす細くて険しい道

これまで、経済や市場、投資家動向などにかかわる様々な情報・データと、それをどう活用して先行きを判断していくか、一例として筆者の考え方を述べた。

そうした判断の元となる情報は、量的には世にあふれている。しかし、その多々ある情報の良し悪しを、どうやって見分けていけばよいのだろうか。また、情報を得て自分で考える、といった、自分の足で立つ姿勢が大切だと考えるが、それはなぜなのだろうか。

この章では、そうした情報をめぐる見解をまとめたい。なお、正しい情報を得て自分で考える、というのは、決して楽ではなく、細くて険しい道だ。ただ、楽な道を行こうとすれば、かえって崖から転落する恐れが高い。

一律の「投資教育」は余計なお世話？

「投資教育」という言葉をよく聞くようになった。ただ、筆者自身としては、この言葉はあまり使いたくない。考えすぎかもしれないが、「教育」という言葉に、誰か上の立場の者が他の人に教え諭す、という意味合いを感じるからだ。たとえば、筆者が一般の方に投資教育を行う、というのは、とてもおこがましい気がする。

一例として、「貯蓄から投資へ」と長く言われてきた。確かに貯蓄だけではなく、何らかの投資も行ったほうが個々人にとって望ましい場合が多いように考えている。しかし、人によっては大きなお世話である可能性もある。すでに貯蓄が大いにあり、多少不測の事態があっても、インフレが進行して物やサービスの値段が上がることで貯蓄の価値が減ったとしても、老後の生活をすべてまかなえる可能性が高いのであれば、無理をしてリスクを取ってまで投資をする必要はない。

こう言うと、若い方は「そんなに貯金ないし」と思うかもしれないが、高齢の方には該当する方も多いだろう。投資をする必要もないしするつもりもないのなら、「貯蓄から投資へ」は個人にとっては大きなお世話だ（もちろん、経済全体としては、積み上がった貯蓄が有望な企業などに流れる、という意味合いでは投資は必要だが）。

これと似て非なるもので、「米国では個人が大いに投資しています。それに対して日本では、預金が個人の金融資産の半分近くを占めています。日本も米国のようになるべきです」という主張もよく耳にする。

繰り返しになるが、筆者も投資を行ったほうが望ましい場合は多いと思う。その結果として、個人金融資産に占める預金の割合は下がるだろう。ただ、「米国でこうだから」というのも、同じように余計なお世話だと感じる。別に日本人の皆が投資しなければいけないわけではなく、一律に押しつけるべきではない。

逆に、投資をする必要が大きい人、あるいは必要はないが自分の意思で投資をしたい人に対して、投資そのものについての考え方や様々な情報が提供され、容易にそれらが得られることは大切だ。

ただ、そもそも投資の必要があるのか、やりたいのかは、誰でもない、本人が考えることだ。そのうえで、そうした投資に関する情報は、それぞれの人が自分の要不要を考えて取得しに行くべきだ。誰かが無理やり押しつけるべきものではない。

答えだけを求める人は人生を丸投げしている

ところが現実には、自分で考えることを放棄し、答えだけ教えてほしい、それ以上自分で考えるのは嫌だ、という人がとても多い。

たとえば、多くの「投資セミナー」で、講師が内外の経済環境や投資家の動向、株価に影響を与える円相場の動きなどを話している間は、新聞を広げて株価欄を見ていたり、寝ていたりする人がいる。ところが、講演が有望銘柄に差しかかると、急に新聞をたたんだり起きたりして、銘柄名とコード番号だけ書き取っている。そして、銘柄の話が終わると、質疑応答などは聞かずにそそくさと帰ったりする。個別銘柄の話になった瞬間に起きるのは神業だと感嘆するが。

ただ、さすがにこうした「銘柄名とコードだけおじさん」はかなり減ったように感じる。それでも、質問が先行きの日経平均の高値・安値とその時期だけで、理由はほとんど聞いていない、という人はまだ多い。

先日、筆者が講師を務めるセミナーで、「馬渕さんから見て、この専門家の言うとおりに何も考えずに売買して１００％儲かる、という人はいますか？」といったご質問をいただいた。けげんな顔をしていると、「あっ、もちろん馬渕さんの言うことは全部当たると思いますけど、他の人を教えてください」とあわてて付け足された。

このように、結論だけ聞いてそのとおりに売買して、怖くないのだろうか。自分の金融資産を、他人に丸投げするようなものだ。ということは、自分の人生を他人に丸投げしているのとほぼ同じだ。

投資教育の二つの道

結論だけ聞いてそのとおりに行動していれば、永遠にそれを続けることになる。筆者は、投資情報は、医療情報ととても似ているように考えている。投資に関して、結論だけで満足している、というのは、病気になってお医者さんに行くと、そのお医者さんが診察をして病名も何も告げず、「この薬を1日3回食後に飲みなさい」「この注射をすれば大丈夫です」と言われ、そのとおりにしているのと同じではないだろうか。

その医者は名医で、それでぴたりと病気が治るのかもしれない。ただ、また少しすれば病気になるかもしれず、そうしたらまたその医者にかかって言われたとおりにして、ということを繰り返すだけだ。

こうした「結論だけでいい」という投資教育の道は、実際、現実に多々目にすることであり、また極めて楽だ。しかし楽な道は、しばしば破滅につながる。

好ましい道は、医療のプロである医者と一緒に、なぜその病気になったのか、その病気はどういうものなのか、処方される薬はなぜその病気に効くのか、病原菌などを根絶するものなのか、それとも症状を抑えるだけなのか、その病気にまたならないためにはどうしたらよいのかを、考えていくことだ。

そうすれば、同じ病気にならないよう、普段の生活に気をつけて予防することとなり、医者にかかって医療費を支払うことが減るかもしれない。また、薬が合わないときに、医者と相談しやすくなるだろう。そうして、同じ「繰り返し地獄」から脱却し、一段高みに上がった生活ができる可能性が高まる。

同じように、投資においても、自分にとってどういう投資が必要なのかを踏まえ、たとえば市場見通しの結論に至る理由づけを自分の頭で考えるべきだ。それにより、次回から専門家にまた話を聞かなくても、ある程度は自分で売買判断ができるようになるかもしれない。

加えて、専門家の結論が外れた場合、たまたま想定外の要因で市場が振れたのか、最初から専門家が主張した市場見通しの根拠が誤っていたのかによって、たとえば投資した株式の株価が下落したがそのまま保有し続けるのか、売却してしまうのかなど、自分の対応が変わってくるだろう。

それは自分で多くの情報を収集し、自分に合った投資を自分で考えることなので、決して安易ではない。ただ、こうした姿勢で投資にのぞめば、自分を高めることができ、結果として投資成果もあがりやすいだろう。

そうではなく、安易な道を求め、「黙って座ればぴたりと治る」医者と同じような投資の専門家を探そうとするから、かえって「私に任せれば大丈夫」というインチキ専門家がはびこる余地を与えてしまうのだ。あるいは、「この商品に投資すれば万事安心です」という手数料が高いだけの金融商品を買ってしまう。もしくは、「元本保証、高利回り」という投資詐欺にひっかかってしまうわけだ。

時として、失敗は、次の成功のために必要だったりする（もちろん、失敗しないほうが幸せだが）。自分のことは自分で考えて判断する、という投資の道を選ぶ人は、ある専門家や金融機関の言うとおりにして失敗すれば、「やはり自分で考えないといけないのだな。専門家や金融機関のアドバイスは、その背景要因や根拠もよく聞いて、参考にはするが鵜呑みにはせず、自分で判断することにしよう」というやり方に進むことができる。

しかし、安易な「誰かが素晴らしい結論を教えてくれるはずだ」という道を進もうという人は、専門家や金融機関の言うとおりにして失敗しても、「この専門家は外れてばかりだが、きっと他に当たる専門家がいるに違いない」と信じ、この専門家からあの専門家へ、こちらの金融機関からあちらの金融機関へ、と渡り歩き続け、気がつくまでに長いときが過ぎてしまうだろう。

証券会社や銀行は「だまそうとしている」わけではない

このように、自分で考えて判断すべきだ、と主張すると、「そのとおりですよね。証券会社や銀行や専門家は、我々をだまそうとしていてまったく当てにならない」としたり顔で語る人もいる。それで賢い投資家だと思っているのかもしれないが、すべてが自分をだまそうとしている、と思い込むのは、すべてを信じよう、言われたとおりにしよう、という態度と表裏一体だ。つまり、何も考えずに、疑うことに決めているか信じることに決めているか、だけの差であって、思考停止という点では同じだと言える。

こうした「証券会社や銀行は、自分たち投資家をだまそうとしている」という主張はよく耳にするが、そう言われる背景は、金融機関がすすめる商品に投資して損をした人が多いことによるのかもしれない。だから「金融機関はわざと損をする商品を売りつけている」と言い張る人もいる。

ただ、金融機関に、損をする商品を選び出す能力はない。投資収益が出る、という見通しが当たったり外れたりしているだけだろう。

では、なぜ損をさせられたと感じる投資家が多いかというと、皆が飛びついているものをすすめられ買うからだ。特に、ロボット、ＡＩなど、特定の投資テーマに沿った「テーマ型」投資信託は、その後の運用成績がさえないことが多い。

そうしたテーマが完全に誤っているわけではなく、長期的に成長する産業というのはあり、そうした産業に属する企業の株価が長い目で上がることはありうる。しかし、ある特定の投資テーマが市場で注目されている時点で、多くの投資家が有望だと考えてすでに大いに関連株を買い上げているので、テーマ型投信は高値で銘柄を組み入れてスタートすることが多いのではないだろうか。

証券会社としては、営利企業であるから収益を得なければいけない。特定のテーマがブームになっており、そのテーマに沿った投資信託が飛ぶように売れるのであれば、当然そうした商品を組成して顧客にすすめることになる。投資家の多くが、そのテーマが有望だと信じ込んで喜んで買うわけだから、収益を得やすい商品になっているわけだ。特に証券会社がだましているわけではない。

同じ理由で、今話題になっている、売れている商品を買う、というのは、その後の収益がさえない可能性があると言えよう。もちろん、今売れている金融商品がすべて悪いわけではない。それでも、別の観点でも、他の人に適した売れ筋の金融商品が、リスクの高低などの点で自分に適しているかはわからない。他の人と自分は違う。自分にとって適切な投資とは何かは、最終的には自分で考えざるをえない。

専門家は利用できるところだけを大いに利用する

述べたように、専門家が自分をだますと決めつけるのは正しくないと考える。ただ、専門家や金融機関も、見通しが外れることはいくらでもある。専門家や金融機関は、自分の収益などのために行動しているのであると割り切り、いくらプロでも万能ではないという点を踏まえ、使える部分は使い、使えないところは聞き流す、という割り切りが必要だろう。どこが使え、どこが使えないか判断するのは、もちろん自分しかいない。見分け方のヒントは、後で述べるように存在するが、誰もいちいち教えてはくれないのだ。

専門家（アナリストや株式評論家だけではなくファイナンシャル・プランナー〈ＦＰ〉なども含む）や金融機関のアドバイスが使えない、と言っているわけではない。家計設計などを考えるうえで、独立してアドバイスフィーだけで生計を立てている良心的なＦＰに相談する、などはとても役に立つだろう。

ただ、筆者が知っているとても良心的なＦＰは、答えを上から押しつけるのではなく、顧客と一緒に考え、家計の課題を洗い出し、顧客が自分で考えるようにうながす、という役割に徹している。

金融機関にも、親身で良心的な営業社員はいる。しかし、そうであっても、そうした社員はあなたではない。自分のことを一番わかっており、自分の人生に責任を取るのは自分しかいない。考え、判断し、決めるのは自分しかいないのだ。

心地よい意見だけを聞きたがる人たち

セミナーの講師を務めると、「○○への投資は有望でしょうか」というご質問をいただくことがよくある。それぞれに、有望だと思うとか、あまり有望だとは考えないとか、筆者にはよくわからない、とか回答をするわけだが、多くの方が、有望だと答えると明るい表情になり、そうでない答えを返すと顔が曇ることが多い。

そうした質問者の反応をしばらくいただいていても、なぜだかわからなかった。有望だという筆者の答えに同意すれば買えばよいわけだし、有望でないという筆者の返事にそのとおりだと思えば買わなければよいだけのことだ。

かなりたってから、質問者の方といろいろ話すことを繰り返してわかったのは、そういう質問をする方は、これから投資しようとして尋ねているのではなく、すでに投資してしまってから質問していることが多い、ということだ。自分が買った金融商品がかなり値下がりしてしまって、これは困った、という時点で質問しているので、「これから上がると見込みます」と聞けば「ああ、よかった」と喜び、「これから価格が下落すると予想します」と聞けば落胆している、といった事情であるらしい。

同様に、筆者のセミナーの後で、「今日のセミナーはとてもよかったです」という感想をいただくことがある。それ自体はとてもうれしいのだが、「どこがよかったですか?」と尋ねると、「株価が上がるという話だったのでよかったです」という答えが返ってくることも多い。そうした人も、すでに株式をたっぷりと買った後の投資家だ。

なかには、株式に投資してから、専門家Aさんの話を聞きに行き、株価が下落する、という説だと、「そんなはずはない。では、専門家Bさんのセミナーに行こう」、Bさんも株価が下がると言えば、次はCさん、Dさんと、自分が求める答えに出会うまで専門家を渡り歩く「猛者」もいると聞いた。これでは専門家の意見を聞く意味がない。

自分がうれしい、心地よい見通しは危険だ。「今日の馬渕さんのセミナーはよかったです。AさんともBさんともCさんとも意見が同じでした」と言われることもある。これは、皆が同じことを言っているから、それで大丈夫だ、心地よい、と安心しているのかもしれない。しかし、たいがい皆が同じことを言い始めたら見通しどおりにならない。そのため、筆者はとても警戒的になる。

一番大切な意見は、自分にとって耳が痛い、つらい意見だ。だからといって、そうした意見を丸呑みして買った株を売れ、ということではない。自分の投資判断の誤りを指摘するような意見や材料を多く集め、そうしたものと自分の考えをぶつけて頭の中で戦わせ、それでも自分の判断が正しいと考えればそのままでいいし、やはり違うと思えば投資方針を修正すればよい。最終判断は、やはり自分だ。

よい情報を見分ける三つのポイント

以上、「結論だけを求める」「他力本願」の投資スタンスや、逆に「業者全否定」の考え方は誤っているのではないか、という批判をしてきた。自分で考えることの必要性を訴えたつもりだ。

ここからは、ちまたにあふれ返るたくさんの投資情報のなかで、どうやってよい情報と悪い情報を見分けるか、という点を述べていきたい。大きなポイントは三つほどあると考えている。

一つは、専門家の主張や金融機関のアドバイスについて、結論よりも論拠、論旨を重視すべきだ、ということだ。

二つ目は、そうした論拠や論旨を事実と突き合わせる、ということだ。

三つ目は、同様に論拠や論旨を「健全な常識」で点検してみる、ということだ。

結論より論拠、論旨を見る

まず一つ目だが、結論丸呑みではいけない、という点はすでに述べた。そこでは、自分の人生を他人に丸投げするようなものだ、という観点から批判した。ただ、それだけではなくいろいろな点から、結論より論拠、論旨を見るべきだと考える。

まず、「他人丸投げさん」は一切気にしないのかもしれないが、結論だけで、その主張が正しいのか間違っているのかが判断できるはずがない。過去に結論が当たったからまた当たるだろう、というのはまったく当てにならない。もしかすると、サイコロを振って結論を決め、たまたままぐれ当たりしたのかもしれない（まさかね）。

また、株価が上がったと言ったほうがお客さんが喜ぶので、そう言っているのかもしれない（もしそうであれば、「心地よい意見」だけを聞きたい投資家に迎合していると言える）。

まあ、そこまでひどい専門家は少ないとは思うが、論拠が明確でない、一部怪しい主張は多く目にするように思う。

また、専門家の結論が常に当たるとは限らない。この点は、「投資教育の二つの道」でも簡単に述べたが、結論と異なった市場の動きになった場合、専門家の根幹となる論拠、たとえば景気回復にともなった企業の利益の増加が株価を支える、という点にいささかも変わりがないのであれば、現在起こっている株価の下落は単なる突発的な材料による短期的な下振れにすぎないのかもしれない。そう判断できるのであれば、株価上昇という結論をまだ信じてよい可能性が高い。

しかし、企業の利益が増える、という論拠が崩れて、予想外の世界経済の悪化による減益局面に突入してしまった、ということなら、株価上昇見通しを捨てて、保有している株式を売却する必要が生じる。株価が上がるという結論しか見ていなければ、どちらの場合と考えられるのか、その結果としてどういう投資行動をとるべきなのかが判断できない。

「他人丸投げさん」は、「専門家のAさんが株価が上がると言ったから株を買ったのに、下がったから損をした。そのまま株を保有していればいいのか、売ったほうがいいのかはまったくわからないが、とにかくAさんが外れたのがいけないのだ。Aさんのせいだ」と不平不満をつぶやくだけだ。それを何百回繰り返せば、自分の態度を改めるのだろうか。

近所の店にも業績を測るヒントがある

2点目に話を進めよう。"Fact is king" という言葉がある。事実は王様、事実は強い、ということだ。

たとえば、小売業界のアナリストが、ある小売企業はとてもよい、株価が上がる、と主張したとする。しかし、近所にあるその企業の店に行ってみると、お客が少なく、従業員のやる気が感じられず、店内が何となく汚れていて、欠品が多く欲しいものがない、ということであれば、実際に店を見た悪い印象のほうがはるかに正しい。

一消費者として、小売、外食、サービスなどの業種の企業を使うことは多いだろう。その際は、投資先として有望かどうか、という視点で見ると、いろいろ面白い点に気づくかもしれない。

世の中にいっぱい「ネタ」はある。どのような商品やサービスが友人の間で話題になっているのか、それはなぜなのか、レストランや小売店の人出は多いか少ないか、電車の車内広告は（マナー広告や自社広告などを除いて）増えているか減っているか、などなど。そうした事実をつかんで自分が考えていることと、専門家や金融機関が言っていることをすり合わせると、情報の良し悪しがわかるだろう。

これに対して、確かに小売や外食など身近な企業や産業はわかるが、そうでない一般の企業などについては、個人投資家はアナリストのように取材するわけにはいかないし、わからない、という声もある。

それでも、様々な企業を知るチャンスはある。それは、たとえば、ＩＲ（Investors Relations、企業の投資家に向けての情報発信を指す）ミーティング（会社説明会）、工場見学などだ。

ＩＲミーティングは個人投資家向けにも多く行われている。いつどの企業が説明会を個人向けに行っているかは、各企業のホームページに掲載されることもあるし、様々な企業とビジネス上の関係がある証券会社などが主催する説明会もある（その証券会社のセミナー案内ページに掲載されることが多い）。

また、日本証券アナリスト協会や証券取引所などが主催することもある。たとえば、日本証券アナリスト協会主催のものは、

https://www.saa.or.jp/learning/ir/seminar/index.html

に載っている。

なお、IRミーティングで重要なことは、もちろん説明（口頭および資料など）や数値情報などもちろんだが、非数値・非言語情報が結構大事だったりする。その会社が、個人投資家に自社を理解してもらおう、応援してもらおうと前向きに熱意を持って取り組んでいるのか、まあ、一応IRでもやっておこうか、という姿勢なのかは感じ取れることが多い。

また、企業の「社風」というものは、意外と表ににじみ出る。IRミーティングに来た社員に元気がない、上司の指示にびくびくして従っている感じがある、という会社は、もちろん投資先としても有望とは言えないだろう。

新興企業やオーナー経営者に多いのが、トップの経営者がかなりの情熱を持って事業に取り組んでいるところだ。それ自体は素晴らしいことだが、社長の演説に聞きほれて投資したところ、社長は裸一貫から始めたプレイヤーとしては一流だが、他の社員も自分の若い頃と

同じようにガンガン働けるだろう、という前提で経営しているため、社員の多くが疲弊していた、という場合もあるようだ。トップがあまりにも熱意を持って話す場合は、そうした点は気をつけたほうがよいかもしれない。

この他、工場見学も企業を知るうえでいいだろう。特に投資家ということではなくても、一般の消費者として見学できる企業も多いし、投資家向けに見学の機会を設ける企業もある。

小学校の入学式でわかる景気の良し悪し

以上は、主に企業について、個人でも直接情報をつかむことができる、ということを述べた。同じように、実態を観察することで、景気全般についても有用なヒントを得ることができる。

これは、ある小学校の教員の方に教えていただいた話だが、入学式のときのお母様方の服装が、値段が高そうなブランド物が多い年と、チェーン店の比較的安価な服が多い年があるそうだ。自分が勤めている学校だけがそうなのかと思って、他校に勤める教員の方たちに尋ねたところ、自分の学校でブランド物が多い年は他校でも多かったそうだ。

こうしたところに景気の良し悪しが表れているということなのだろうが、加えて面白い点が二つあった。

一つは、入学式の新入生のお子さん自身の服装は参考にならない、という話だ。これは、両親だけではなく祖父母も門出を祝おうとお金を出すので、どの年でもお子さんの服装はよいものだそうだ。

もう一つは、お父さん方の服装は「論外」だとのこと。いつもくたびれたスーツなどが多く、仕事用のものをそのまま着ているのだろう、と推察される。やはりお父さんは、家庭内ではお金の使い方は圧迫されているのかもしれない……。

個人で取材できない場合はどうするか

こうして企業や経済動向などについて、個人でも取材ができる、事実をつかみにいくことができる、と述べたが、どうしても取材が難しい場合がある。それは政策関連や海外投資家動向などだ。

たとえば、専門家が、日銀が今後はこうした金融政策をとりそうだ、政府がこのような景気刺激策を打ち出すだろう、と主張しても、個人投資家がその裏付けを日銀や政府に行って尋ねるわけにはいかない。最近、海外投資家がこのように考えていて行動している、という報道があっても、これも海外に行ってそうした投資家に直接聞くことはほぼ不可能だ。こうした点については、専門家や報道に頼るしかない。

では、そうした政策や海外投資家動向などについて主張する専門家や報道などの良し悪しを判断することはできないのだろうか。

見分ける方法としては、長く付き合う、という手段が有効だと思う。たとえば、ある専門家の海外投資家についての分析がよいと思ったら、しばらくその人が言うことを追いかけてみるのだ。ノートなどに書き留めたり、その人の主張が載った記事をコピーして取っておいたりするのもよいだろう。その専門家の主張や裏付けとされている根拠が、節操なくクルクル変わったり、海外投資家が買っていると盛んに主張しているのに、その後統計で確認すると売り越しになってばかりだったり、ということであれば、信頼できない専門家なのだろう。

専門家が信頼できるかどうかわかるには、根気と時間が必要なのだ。

高度な理論より「健全な常識」

情報の良し悪しを見極める最後のポイントは、「健全な常識」を活用することだ。専門家の中には、一見して高度な理論に見えるものを振りかざす人も多い。「〇〇理論によれば、こうなるのは自明です」という専門家のセミナーで、「その〇〇理論というのがよくわからないのですが、わかりやすく説明してもらえますか」とたずねたら、「そんなことも知らないのか。不勉強だ！」と専門家が怒ったという。おそらく専門家本人が、その理論を理解していないのだろう。

そんな理論より、常識で考えたほうがよほど事の真贋がわかる。日銀のいわゆる「異次元の緩和」が始まってしばらくたったころ、私のセミナーで参加者の方がお尋ねになった。「マスコミでは、日銀がお金をばらまいている、だからバブルになる、と盛んに報じています。しかし、私のお財布にはお金がありません。どうしてでしょうか？」。周囲は爆笑していたが、私はよい着眼点だとほめちぎった。

というのは、そうした素朴な疑問は、「日銀がお金をばらまいている、と言われているが、具体的にどのようにまいていているのだろう?」「ばらまかれたお金は、どういった経路で自分の手元に来るはずなのか?」「それが手元に来ていないのは、経路の途中のどこでお金が止まってしまっているのか?」と、地に足をつけて考えるきっかけになるからだ。

実際に、日銀のお金のばらまき、すなわち量的緩和で起こったことについては、筆者は次のように解釈している。「日銀がお金をばらまく」と俗には言われてきたが、たとえば、日銀総裁が札束を袋に詰めて、その札束を繁華街でまいているわけではない。日銀は、銀行が保有している国債を買い取って、買った代金を銀行に渡している。これが量的緩和、「お金のばらまき」だ。

日銀はもちろん、着実に量的緩和を進めてきたから、銀行には大量に現金が流れ込んだ。では、銀行はそのお金をどうするかと言えば、銀行の本業は貸し出し（融資）だから、家計や企業に貸し出しを伸ばしたいはずだ。

ところが、景気が悪いので、家計は自動車ローンを借りて車を買おうとか、住宅ローンを借りてマンションを買おう、とは思わない。賃金が圧迫されており、返済が大変だからだ。企業も、設備投資を行っても景気が悪く、儲けが増えそうもないので、銀行から資金を借りようとしない。もし資金が必要になっても、過去に蓄えた手元の現金が多く、借りる必要に乏しい。

したがって、貸し出しが（まったく伸びなかったわけではないが）あまり伸びず、銀行に現金がたまったままになっている。このため、我々の手元にはお金が来ないわけだ。

実際の資金量を見てみよう（図表7－1）。日銀が散布した資金量は、マネタリーベースという統計で測る。経済全体に出回っている資金量は、M2というデータで測定できる。マネタリーベースの前年比は2013年4月のいわゆる「異次元の緩和」から急伸した。それに合わせてM2の前年比も一時よりは高まっている。つまり、異次元の緩和の効果はゼロではない。

ただ、両者の伸びを比較すると（それぞれ、右軸、左軸の異なった目盛りで描かれている）、M2の伸びははるかに限定的だ。

そのため当然、M2をマネタリーベースで割った比率を見れば、すさまじい低下を続けている（図表7－2）。

このように、素朴な疑問からスタートして、量的緩和というものは具体的にどのように行

図表7-1　日本のマネタリーベースとM2の推移（前年比）

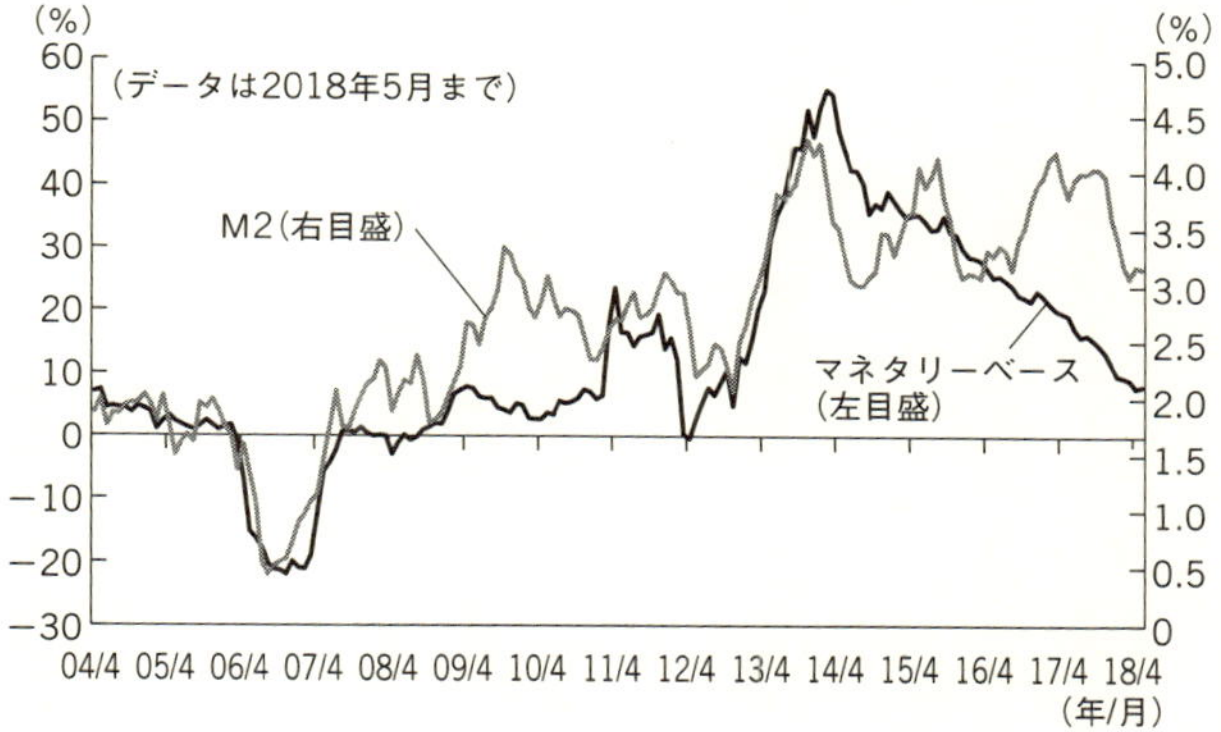

（出所）日本銀行よりBdフルーレット作成

図表7-2　M2÷マネタリーベース比率（日本）

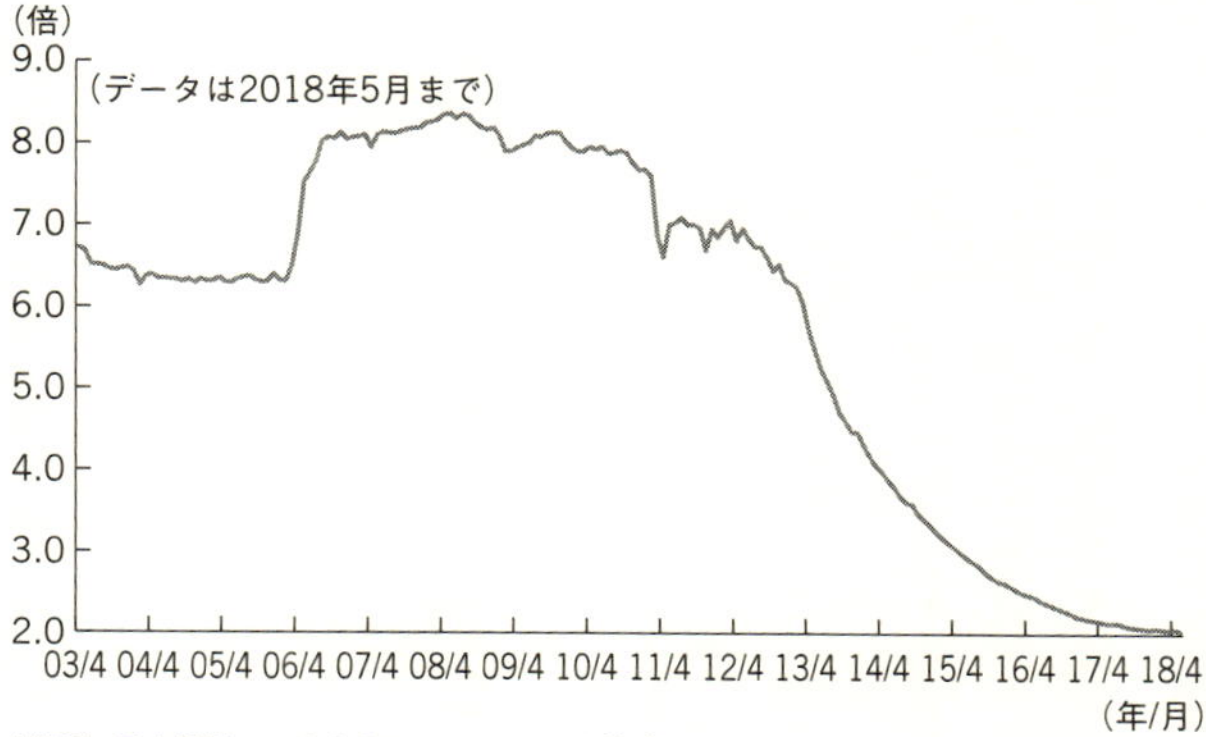

（出所）日本銀行データからBdフルーレット作成

われているのか、それが機能していないとすればどうしてか、を健全な常識で考えていけば、すぐに事態がわかると言えるだろう。

筆者は、異次元の緩和がスタートした直後から、「景気が悪く、企業や家計の借り入れ意欲が限定的なのだから、カネ余りになるはずがない」と主張してきた。それは、述べてきたような「健全な常識」によるものだ。

「日銀がカネさえまけばインフレになる」「異次元の緩和で株式市場はバブルになるに違いない」ともっともらしく語った経済学者や株式評論家より、「なぜ私のお財布にはお金がないのでしょう?」と素朴な疑問を持った人のほうがはるかに優れていたと言えよう。

地域振興券が景気を持ち上げないのは当然

もう一つ、常識が有効だった例を挙げよう。一般に「地域振興券」と呼ばれる商品券が、政府によって企画されることがある。これは、一例を示すと、消費者が9000円を出すと、1万円分の地域振興券を地元で買うことができて、それをやはり地元の商店街などで使うことができる。振興券を受け取った商店はそれを換金できるが、1万円のうち9000円分は当初の消費者の購入代金からあてられ、差額の1000円は、地方自治体（あるいはその分を地方自治体に補助する政府）が負担する。

政府は、これが個人消費を刺激して景気を持ち上げる、と主張する。ただ、「本当にそうだろうか」と健全な懐疑心を持った知り合いがいた。そこで、周囲の人に、実際にこうした地域振興券があったら自分はどうするか、を聞いて回ったそうだ（つまり取材、これ大事）。その結果、景気を持ち上げる効果は限定的ではないか、と考えるに至ったという。

そう結論づけた背景は、次のとおりだ。まず、政府が、どうして景気に効果があると考えたのだろうか。たとえば9万円の買い物を予定していた（あるいは、通常月に9万円買い物を行っている）家計を取り上げてみよう。この家計は、もともと現金などを9万円使うつもりだったから、そのお金で地域振興券を10万円分買い、10万円の買い物をするだろう。これは、9万円が予定されていた個人消費が10万円に膨らむことになる。厳密には、10万円のうち9万円が家計の支出で、残り1万円分は地方自治体なり政府の出費だが、小売店の売り上げは増えるわけだ。

これに対し、周囲の人に聞いたところ、「こんなに景気が悪く、先行きの収入に不安があるんだから、そんなことするわけないでしょ」という答えばかりだったそうだ。つまり、もともと予定されていた9万円の買い物しかしない、ということだ。手元の現金のうち8万1000円だけ支払って9万円分の地域振興券を買い、残った9000円は貯金する、と皆が答えたそうだ。

実際、景気の不振や消費者心理の冷え込みを踏まえれば、政府の目論見（とその人が考えていたこと）よりは、周囲の声（健全な常識）のほうがはるかに正しいだろう。

無料の情報はなぜ無料か、裏をよく考える

この本の最後に、情報として得られるものとして、無料のものと有料のものがあるが、その差について考えてみたい。

無料のものより有料のもののほうが質がよい、と考える人が多いようだが、それは必ずしも正しくない。また、無料のものは何か怪しい、下心があるに違いない、と決めつける人もいる。そうとも限らない。逆に、お金を払うのは嫌だから何でも無料のものがよい、と考える人もたくさんいる。それも危険だ。

ではどうすればよいかというと、無料のものはなぜ無料なのかを踏まえて、情報として活用することが大切だ。無料の背景となる理由を承知であれば、どんどん活用すればよい。たとえば、官公庁が統計情報を公表している。それは、単なるデータだけではなく、たとえば、旧経済企画庁を引き継いだ内閣府は「今週の指標」というページを設けており、そこで最近の経済データなどで注目されるものについて、国内外を問わず解説を載せている。

http://www5.cao.go.jp/keizai3/shihyo/index.html

経済全体ではなく、個別の産業などについても興味深いものが掲載されている。こうした官公庁の情報は我々が支払った税金で運用されており、行政サービスの一環なのでどしどし使えばよいだろう。

同様に、証券取引所が開く無料セミナーや、

https://www.jpx.co.jp/learning/seminar-events/seminar/index.html

前述の日本証券アナリスト協会主催のIRミーティングなどは、公益性が高い団体・組織によるものであるし、一種、社会貢献のため行われているものなので、機会があれば参加すべきだろう。

ただし、官公庁のレポートで厳しい政策批判はないだろうし、証券取引所のセミナーでは、証券取引所が新しく取り上げる金融商品を広く取引してもらおう、などの動機は働くだろうが。

金融機関による無料セミナーはどうだろうか。たとえば、企業のIRセミナーを証券会社が開く場合がある。それを主催する証券会社は、企業が個人投資家などに説明する機会を設けることで企業に喜んでもらい、その企業とのビジネスを先行き拡大できれば、という動機がある。ただ、そうした動機によって、セミナーを企画するとか集客を大いに頑張る、という方向に向かっても、IRセミナーで提供される情報が主催者によって歪んでいることにはならない。

金融機関が開く他の無料セミナーは、何らかの投資商品と組み合わされているものも多い。たとえば、ブラジル株式ファンドの説明が行われるが、その前段で、ブラジルの経済や通貨相場の見通しについての講演が設けられている、などだ。その場合、「ブラジルの経済などを踏まえると、ブラジルに投資すべきではない」という結論はおそらく語られないだろう。

だからといって、その前段のセミナーが必ず誤っているわけではない。客観的に見て、ブラジルに投資すべきだという結論が正しく、それでブラジル株式ファンドをその金融機関が売り出そう、としているのかもしれない。ただ、テーマ型ファンドのところで述べたように、「今、○○に投資するのがブームだ」→「では、○○に投資するファンドを客に販売しよう」→「そのため、○○に関するセミナーを行おう」という動機が働くこともあると考えるべきだ。

本当はブラジルに投資すべきかどうか、セミナーを主催する金融機関も判断がつかないのに、ブラジル株式ファンドを売るためにブラジルへの投資が有望だ、という結論へとバイアスがかかっていたとしよう。だからと言って、そうした「ブラジル株式ファンドセミナー」には一切出席すべきではない、とも言えない。とにかくブラジルへの投資が有望だということにしたい、という主旨で結論が歪んでいたとしても、説明用資料に掲げられているブラジルの過去の経済成長率の数値自体が虚偽だ、ということはない。

特に新興国については詳しい経済データの入手自体が一般には難しいので、「ブラジルへの投資は有望です」という無料セミナーに出席し、そこで得られた資料を読んで、事実を示すデータなどを自分の頭でよく考えて咀嚼《そしゃく》し、やはりブラジルには投資すべきではない、という結論を得てもよいわけだ。

また、金融機関が、長期的に自社のファンを増やす、などの広告宣伝的な観点で無料セミナーを行っている場合もある。たとえば、大きな会場を借りて有名な講師を使ってたくさんの人を集め、聴衆に「こんな素晴らしい講師の話が聞ける場を設定できるとは、この会社は実力がある」などと考えてもらえれば、その金融機関に将来口座を設ける人が増えるかもしれない。そうしたざっくりとした目的の無料セミナーの場合は、内容に大きくバイアスはかかっていないのかもしれない（それでもバイアスがかかっている可能性はゼロではないが）。

要は、無料のセミナーの場合、主催者が何のために開催しているのか、それでどういうビジネス上のメリットを得ようとしているのか、をよく把握し、それを承知のうえで活用するのがよいということだ。批判的に自分で考えて検証しながら活用するのはよいが、単なるセミナーの結論の丸呑みではいけない、ということになる。

「それはよいことを聞いた。無料のセミナーに大いに出席して、そこで得られた資料や話は大いに活用するが、結論は自分で考えよう。でも、主催している金融機関に口座も作らないし、その会社が販売している金融商品は何も買わないでいいや」ということでも、一個人としては特にかまわないだろう。

ただし、すべての人がこうした姿勢になれば、金融機関はセミナーを開くメリットが何もないため、いずれ無料セミナーはなくなるだろう。情報はタダではないのだ。だからこそ、無料セミナーの背景には、本来有料であるべき情報を無料で提供することと引き換えの「何か」があるとも言える。

その点で有料のセミナーの場合、主催者と参加者の関係は、情報を提供してその対価を受け取る、ということで完結する場合が多い。主催者にはセミナー参加費を得て収益をあげる、という以上の動機が乏しいため、情報には意図的なバイアスがかからず、中立であると期待できる。ただし、市場見通しを提供する講師の姿勢が中立であることと、その見通しが的中するかどうかはまた別の話ではある。

では、有料であれば内容がよいかというと、そうとも限らない。意図的に高い価格を設けて、それにより内容が素晴らしい「ふり」をしているセミナーもあるかもしれない。

また、そうした素晴らしい「ふり」という点では、このセミナーでは「ここだけの貴重な話」が聞けるかもしれません、とか、講師がこのセミナーでは「とっておきの袋とじ銘柄」をご紹介します、というものもよく目にする。ということは、その講師が他のセミナーで話している内容は、「どこにでもある貴重ではない話」や「とっておきではない適当な銘柄」ということになるはずだ。普段はそんないいかげんなセミナーを行っているとは、まったく良心的とは言い難い。

あるいは、そうした講師は超人的な能力の持ち主で、「ここだけの貴重な話」が常時10種類ぐらいあったり、「とっておきの銘柄」が常に100銘柄くらいあったりするのであろうか。

筆者は、自分のメールマガジンの読者の方々やセミナーにお越しくださる方々に対して、いつも全力投球で、自分としては一番優れた分析や観点、データなどをご提供しよう、と努めている。そのため、それ以外に「ここだけ」も「とっておき」も備えておく能力がない。

そうした超人的な講師の方々をうらやましく思う（もちろん、皮肉だ）。

おわりに　自分で切り開く人生

情報収集と分析のガイドツアーはいかがだっただろうか。

本書では、具体的な為替相場や株価の判断について解説したが、他にも大枠となる資産運用の考え方や情報の良し悪しをどう選別するかについても多く述べた。それらの考え方の底流にあるものは、すでに感じ取っていただけたと思うが、「必要に応じて他者を利用するが、最終的に自分のことは自分で考える」ということだ。

人生の重要な判断は、他人の意見を聞いても自分で決める、という人が多い。進学の選択については、小学校受験となれば当然親の意見が決定的だろうが、どの大学に行くかは自分で志望校を考えるだろう。就職先も、結婚相手も、他人の言うまま、という場合は極めて少ないのではないか。ささいなことでは、今日はどんな遊びをするか、何を食べるかなど、自分で決めることが多いだろう。

ところが、投資については、なぜか「誰かにお任せしたい」という人がとても多い。極めて大事なお金のことだから、「自分の人生はこう生きたい。そのために必要な資金については、仕事でどう稼いでどう運用すべきか考えた。それに基づき自分で判断する」というのが当たり前だ。

しかし実際には、誰かに任せたい、ある一つの物（経済データでもテクニカル指標でも投資指南書でも）だけに頼っていろいろと考えることはしたくない、特定の金融商品一つだけに投資して何も考えず何の心配もなく儲けたい、という一見楽に見える道を求め、その結果として大いに失う事例に事欠かない。

自分のことは自分で切り開く人生を歩むべきだし、そのほうが人生は面白いと思う。

2017年に、前述のような観点から、自分の分析手法や投資などに対する考え方を披露するセミナーを東京と大阪で開き、朝から夕方までの長時間であるにもかかわらず、多くの方にご参加いただいた。その内容を本にしたらどうかと考え、日本経済新聞出版社の小谷雅俊さんにご相談したところ、大いに背中を押していただいてこの本ができた。小谷さんからは、当初の粗稿に対して貴重なご示唆も頂戴した。改めてお礼申し上げたい。

また、前述のセミナーへの参加者も含め、日頃の業務で支えていただいている、当方のメールマガジンやレポートならびに新聞、雑誌、電子媒体への寄稿などの読者、筆者が出演するテレビやラジオの視聴者、普段のセミナーの参加者、講演などのご依頼をくださる企業や団体、情報交換をさせていただいている国内外の識者、政策担当者、中央銀行、様々な機関投資家、といった方々にはいつも多くのことをご教示賜り、それが本書を形作った部分も大きいと考えている。筆者の仕事は一方通行ではなく、多くの方々とのやり取りで成り立っていると改めて感じる。

最後に、自由気ままな筆者の業務を、おそらく頼りないとハラハラしながらも暖かく支えてくれている妻の美由紀や、息子の泰武と湧太にも心から感謝したい。

２０１８年６月某日

ちょうど60回目の誕生日に

馬渕治好

馬渕治好　まぶち・はるよし
世界経済・市場アナリスト。1981年、東京大学理学部数学科卒、88年、米国マサチューセッツ工科大学経営科学大学院修士課程修了。旧・日興證券グループで主に調査部門を歴任。2009年に独立、現在はブーケ・ド・フルーレット代表。内外諸国の経済・政治・投資家動向を踏まえ、株式、債券、為替、主要な商品市場の分析を行う。各地での講演やテレビ・ラジオ出演、新聞・雑誌等への寄稿も多い。「日本経済新聞」夕刊のコラム「十字路」の執筆陣の一人。著書に、『投資の鉄人』（共著、日経プレミアシリーズ）『勝率9割の投資セオリーは存在するか』（東洋経済新報社）、『ゼロからわかる時事問題とマーケットの深い関係』（金融財政事情研究会）がある。

日経プレミアシリーズ｜385

投資《とうし》のプロはこうして先《さき》を読《よ》む

二〇一八年九月十日　一刷

著者　馬渕治好
発行者　金子　豊
発行所　日本経済新聞出版社
https://www.nikkeibook.com/
東京都千代田区大手町一―三―七　〒一〇〇―八〇六六
電話（〇三）三二七〇―〇二五一（代）
装幀　ベターデイズ
組版　マーリンクレイン
印刷・製本　凸版印刷株式会社

ISBN 978-4-532-26385-0　Printed in Japan

日経プレミアシリーズ 339

投資の鉄人

岡本和久・大江英樹・馬渕治好・竹川美奈子

長期で資産運用を続ける中では、さまざまな誘惑が登場します。それは「情報」「相場」「商品」、そして「自分」。これらに惑わされず、投資を成功に導くためにはどうすればよいのか。個人投資家に絶大な信頼を寄せられる資産運用のプロ4人が集い、4つのテーマから実践的にアドバイスします。

日経プレミアシリーズ 379

残念な相続

内藤 克

「大した財産もないし、うちは関係ない」。こう思っている人ほど、実は困るのが相続。親の面倒を見たら遺産の上乗せアリ？ 相続放棄したら借金はなくなる？ 税務署が目を光らせる「名義預金」とは？ 遺言があるのになぜもめる？ 相続した実家の節税策は？ SNSから資産がバレる？……ベテラン税理士がリアルな事例をもとに相続対策の危険なポイントを解説。

日経プレミアシリーズ 340

不動産格差

長嶋 修

アベノミクスや東京五輪の恩恵を受ける物件はほんの一握り。大半の不動産は下がり続け、全国の空き家比率は3割に向かう。あなたのマイホームや両親の家は大丈夫ですか？――。人口減、超高齢化時代における住宅・不動産の見極め方、つきあい方を教えます。

日経プレミアシリーズ370

仮想通貨バブル

日本経済新聞社　編

580億円もの不正流出事件に見舞われたコインチェック。投機マネーに煽られ、わずか3年で100倍に急騰したビットコイン。相次ぐ分裂を主導する中国の「採掘者」たち。玉石混交のICO。いち早くルール整備に動いた日本……。日経の取材記者が「仮想通貨」の実態に迫る！

日経プレミアシリーズ367

経済の不都合な話

ルディー和子

経済やビジネスをめぐる議論が現実離れするのは、偽善や机上の空論による「お約束」に支配されているからだ。会社存続の動機は「経営者のエゴ」、顧客なんて「不実な愛人」、「日銀の約束」を誰も信用しない理由……。感情が理性より優位に立つ時代、人間の本性に基づいて展開する、少し言い出しにくい世の中の真実。

日経プレミアシリーズ372

〝社風〟の正体

植村修一

御社は、どんな社風、文化ですか？　こう聞かれて何も思いつかない人はいない。だが「社風、企業文化とは何か？」と問われると答えに困る。本書は、そんな「組織体質」の謎を解明し、国、地域、業界でどんな違いがあるのか、またパワハラが横行するブラック企業、不正続発の会社、イノベーションを生む会社の間にはどんな違いがあるのか詳しく解説する。御社の社風、企業文化を再点検してみませんか。

日経プレミアシリーズ341

バブル入社組の憂鬱

相原孝夫

バブル期の大量採用世代も、気がつけばアラフィフ。見栄張りで、なぜか楽観的で、やたら暑苦しい彼らは、現在どんな状況にあるのか。社内の評判が悪い理由、バブルvs氷河期の構造、世代特有の強みと弱み……。現実を直視し、今後バブル入社組が生きる道を、自身同世代の人事・組織コンサルタントが多くの事例から考える。

日経プレミアシリーズ337

あの会社はこうして潰れた

帝国データバンク情報部　藤森　徹

77億円を集めた人気ファンド、創業400年の老舗菓子店、名医が経営する病院――。あの企業はなぜ破綻したのか？　トップの判断ミス、無謀な投資、同族企業の事業承継失敗、不正、詐欺など、ウラで起きていたことをつぶさに見てきた信用調査マンが明かす。倒産の裏側にはドラマがある！

日経プレミアシリーズ358

あの同族企業はなぜすごい

中沢康彦

事業を長期的な視点から見られるメリットがある一方、親族の不仲や古参幹部との対立などから泥沼の「お家騒動」が起きることもある同族経営。経営者や後継者をめぐるリアルなストーリーと最新のアカデミズムの知見により、同族経営の「本当の強さ」と課題を明らかにする。

日経プレミアシリーズ 378

ＡＩ ２０４５

日本経済新聞社 編

空気を読まずに人事評価、脳の働きすべて再現可能、ＡＩを使いこなせない弁護士は失格――。ＡＩは人類の能力・知性を２０４５年にも追い抜くと予測されている。人類にとってどういう意味があるのか、人、企業、国家の未来はどうなるのか。脅威を感じながらも、ＡＩに学び、共存への道を探ろうとしている人々の姿を描く。

日経プレミアシリーズ 382

働く女性 ほんとの格差

石塚由紀夫

働く女性で、「職場の女性活躍推進を実感できている」のはたった２割弱？ 一体何が彼女たちの行く手を阻んでいるのか。家庭とのバランスに悩むワーキングマザー、子育て優遇にモチベーションを下げる独身女性、非正規社員や専業主婦のジレンマ、立ちはだかる「おっさん型社会」の壁など、日経編集委員が浮き彫りにし、女性社員の力を生かすための処方箋を示す。

日経プレミアシリーズ 365

日本人は知らない 中国セレブ消費

袁 静

中国人の団体がいない所に行きたい――洗練された服装で、静かに旅する中国人訪日客が増えています。日本人と同等かそれ以上の収入がある彼ら「プチ富裕層」はどんな商品、サービスを求めているのか。寿司は白身魚よりサーモン、「お冷や」の提供はやめてほしい、旅館はもっと高くてかまわない……中国の新階層の消費のツボに迫ります。